Segredos de cozinha

Segredos de cozinha

Mais de 500 dicas, técnicas e truques para você cozinhar melhor

RICK RODGERS

Tradução
Cinara Cristina Mendonça Ferreira

1ª edição
Rio de Janeiro-RJ / Campinas-SP, 2012

Editora: Raïssa Castro
Coordenadora Editorial: Ana Paula Gomes
Copidesque: Anna Carolina G. de Souza
Revisão: Maria Lúcia A. Maier
Capa e Projeto Gráfico: Vertigo Design NYC
Diagramação: André S. Tavares da Silva

Título original: *Tips Cooks Love: Over 500 Tips, Techniques, and Shortcuts that Will Make You a Better Cook!*

Copyright © Sur La Table, Inc., 2009
Edição original publicada nos Estados Unidos por Andrews McMeel Publishing, LLC
Edição publicada mediante acordo com Janis A. Donnaud & Associates, Inc., por meio de Lennart Sane Agency AB

Tradução © Verus Editora, 2012

ISBN: 978-85-7686-170-6

Direitos reservados em língua portuguesa, no Brasil, por Verus Editora. Nenhuma parte desta obra pode ser reproduzida ou transmitida por qualquer forma e/ou quaisquer meios (eletrônico ou mecânico, incluindo fotocópia e gravação) ou arquivada em qualquer sistema ou banco de dados sem permissão escrita da editora.

Verus Editora Ltda. Rua Benedicto Aristides Ribeiro, 55, Jd. Santa Genebra II, Campinas/SP
13084-753 | Fone/Fax: (19) 3249-0001 | www.veruseditora.com.br

CIP-BRASIL. CATALOGAÇÃO NA FONTE
SINDICATO NACIONAL DOS EDITORES DE LIVROS, RJ

R594s

Rodgers, Rick, 1953-
  Segredos de cozinha : mais de 500 dicas, técnicas e truques para você cozinhar melhor / Rick Rodgers ; tradução Cinara Cristina Mendonça Ferreira ; [ilustração de Vertigo Design NYC]. - 1.ed. - Campinas, SP : Verus, 2012.
  il. ; 18 cm

  Tradução de: Tips cooks love: over 500 tips, techniques, and shortcuts that will make you a better cook!
  Índice
  ISBN 978-85-7686-170-6

  1. Culinária. 2. Culinária - Equipamentos e acessórios. I. Título.

12-0960

CDD: 641.5
CDU: 641.5

Revisado conforme o novo acordo ortográfico

Aos nossos clientes, cuja curiosidade e criatividade nos inspiraram a criar as dicas deste livro

Agradecimentos

Da mesma forma que muitos ingredientes deixam um prato delicioso e lhe conferem um sabor único, muitas pessoas, cada uma com sua contribuição específica, trabalham juntas para criar um excelente livro de receitas. Com a ampla experiência de Rick Rodgers em escrever esse tipo de livro e ministrar aulas de culinária, não poderíamos ter escolhido ninguém melhor para elaborar a lista de dicas que vamos compartilhar com nossos clientes curiosos. Kirsty Melville e Jean Lucas, da Andrews McMeel, defenderam o programa editorial da Sur La Table desde sua concepção, criando livros premiados no processo de definição de um modelo para uma parceria eficiente. Obrigada a Tammie Barker e Razonia McClellan Farrar pela ajuda na divulgação; a Sarah Jay, Cindy Mushet e Marie Simmons, cujos livros anteriores da Sur La Table forneceram inspiração e informação para esta obra; a Sharon Silva, que aprimorou o manuscrito como só ela seria capaz de fazer; a Alison Lew, que criou o visual alegre do livro; e à agente literária Janis Donnaud, que nos manteve no caminho certo.

A entusiasmada equipe da Sur La Table incentivou este livro a ser tão útil e confiável quanto um utensílio de qualidade: Doralece Dullaghan foi incansável e dedicada e cuidou atentamente de cada detalhe do processo editorial; Kate Dering e Jacob Maurer forneceram informações valiosas; e a visão criativa de Robb Ginter manteve nosso *design* na linha. Por fim, obrigada a nossos clientes, cuja demanda por conhecimento sobre produtos nos inspirou a criar *Segredos de cozinha*.

Kathy Tierney
Sur La Table

Doralece Dullaghan e eu trabalhamos juntos em cozinhas da Sur La Table por todo o país, e é um prazer enorme poder compartilhar boas risadas e uma bela refeição juntos após todos esses anos. Agradeço a Kirsty Melville e Jean Lucas, da Andrews McMeel, pelo entusiasmo e profissionalismo.

Em minha cozinha, Diane Kniss ficou de olho para que as panelas não transbordassem, tanto literal quanto figurativamente. Alice Medrich generosamente se dedicou a discutir os mistérios do chocolate comigo. Jacob Maurer, da Sur La Table, respondeu pacientemente às minhas dúvidas sobre utensílios de cozinha. Meus livros sempre ficam melhores graças à edição de Sharon Silva e à visão artística de Alison Lew, da Vertigo Design. Meu parceiro, Patrick Fisher, tem apoiado sem ressalvas meu trabalho como escritor há mais de 25 anos... mas quem está contando? E, embora eu seja um escritor, não tenho palavras para expressar minha gratidão a Susan Ginsburg, minha agente, e à sua assistente, Bethany Strout.

Rick Rodgers

Sumário

Introdução 11

Termos 15

Conversão de medidas e equivalentes 324

Índice remissivo 330

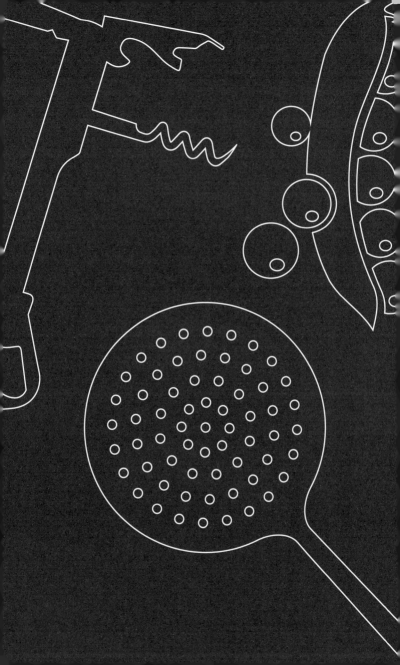

Introdução

Talvez você seja um cozinheiro instintivo, do tipo que pega uma sacola cheia de ingredientes e elabora uma refeição com pouco esforço. Existem cozinheiros com esse talento, mas a maioria não nasce assim.

Aprender a cozinhar é uma questão de prática. Primeiro, você se concentra nas habilidades básicas necessárias para levar à mesa uma comida saborosa para si, para sua família e amigos, dominando conceitos primários, como refogar, assar, grelhar e outras técnicas da cozinha do dia a dia. Sempre que você elabora um prato, aprende algo novo que pode aplicar à próxima refeição que preparar.

Uma vez dominadas as técnicas básicas, você se torna mais observador e começa a reparar nos detalhes. Seus muffins de mirtilo cresceram direitinho e ficaram deliciosos, mas por que círculos verdes se formaram em torno das frutinhas? Ou a torta ficou linda, mas por que as maçãs murcharam tanto? São apenas detalhes, mas mesmo assim frustrantes. Ou talvez você queira simplificar o método tradicional de assar um frango inteiro, para economizar tempo durante a semana, ou ainda encontrar um modo infalível de preencher suas formas de bolo com quantidades iguais de massa, de modo a obter camadas iguais. Você vai aprender tudo isso neste livro.

Segredos de cozinha traz centenas de dicas, técnicas e utensílios para tornar sua vida na cozinha mais fácil e eficiente. Estas dicas valiosas – que os chefs franceses chamam de *trucs* – vão ajudá-lo a refinar suas habilidades culinárias e a aprender detalhes essenciais à boa cozinha.

Nestas páginas, você vai encontrar soluções para problemas comuns (como estabilizar chantili com chocolate branco, ou como desenformar um bolo assado em forma decorativa), dicas para ganhar tempo (medir pasta de amendoim em copo medidor forrado com filme plástico para facilitar a limpeza) e para economizar (usar os miúdos do frango para preparar um caldo rápido). Uma seção de "Dicas divinas" para cada técnica importante vai revelar o que você precisa saber para usar o método com sucesso. Também incluímos receitas que colocam em ação algumas de nossas dicas favoritas e um punhado de quadros repletos de informações úteis, como o peso de ingredientes comuns, temperaturas dos pontos de bala e tamanhos de panelas.

A Sur La Table* sempre foi um ponto de encontro de cozinheiros curiosos, tanto para novatos quanto para profissionais experientes. Nosso programa de culinária, com mais de vinte escolas pelos Estados Unidos, é parte integral do que fazemos. As aulas, nas quais os alunos aprendem a usar os utensílios corretos para facilitar o preparo das refeições, fornecem inspiração para futuras aventuras

---

* Conhecida rede de lojas norte-americana que vende uma ampla variedade de utensílios e livros de cozinha, além de ministrar cursos de culinária. (N. do E.)

culinárias. No decorrer dos anos, Rick Rodgers ministrou muitas aulas e ouviu inúmeras perguntas de milhares de alunos. Muitas dessas questões são respondidas neste livro.

Nosso objetivo com *Segredos de cozinha* é compartilhar as descobertas que fizemos na cozinha depois de saber a resposta a perguntas intrigantes. Conhecimento é poder, e esta coleção de informações certamente vai aumentar seu QI culinário.

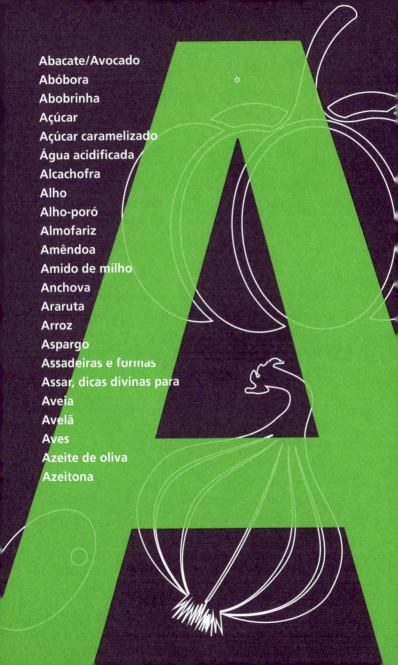

Abacate/Avocado
Abóbora
Abobrinha
Açúcar
Açúcar caramelizado
Água acidificada
Alcachofra
Alho
Alho-poró
Almofariz
Amêndoa
Amido de milho
Anchova
Araruta
Arroz
Aspargo
Assadeiras e formas
Assar, dicas divinas para
Aveia
Avelã
Aves
Azeite de oliva
Azeitona

Abacate/Avocado

Época: o ano todo, principalmente de fevereiro a maio

Você tem a impressão de que há muitos abacates no mercado o ano todo? De fato há. Além de o Brasil ser um dos maiores produtores mundiais da fruta, também importamos abacates do México, por isso você pode encontrá-los na feira ou no supermercado nos doze meses do ano.

....

O avocado tem casca verde-escura (quase negra) e áspera e o sabor amanteigado tradicional que a maioria dos cozinheiros prefere para preparar guacamole e outros pratos mexicanos. Quando você não encontrar o avocado, pode substituí-lo pelo abacate comum, de casca lisa e mais clara e sabor mais suave.

....

Um abacate raramente é vendido bem maduro, então é bem provável que você tenha de deixá-lo amadurecer em casa. Deixe-o em temperatura ambiente até que se torne macio ao toque. Um teste para confirmar se a fruta está madura: tente remover com a unha a base do talo que fica na ponta do abacate. Se ela se soltar com facilidade, o abacate está pronto para consumo. Um abacate bem verde leva de 3 a 6 dias para amadurecer. Para um amadurecimento mais rápido, ver **Frutas frescas** (página 181).

....

A polpa do abacate escurece quando exposta ao ar. Pincele as superfícies cortadas com suco de limão (suco ácido desacelera o processo de oxidação), depois embale com filme plástico, pressionando-o contra a polpa, e leve à geladeira.

....

Guacamole é o prato mais popular preparado com abacate, mas ele pode perder a cor. Esqueça a lenda de que enfiar o caroço da fruta dentro do guacamole vai impedir seu escurecimento. Em vez disso, pressione o filme plástico sobre a superfície do guacamole e leve a tigela à geladeira. Ou adicione algumas colheres de creme azedo à mistura, o que vai aumentar sua acidez e desacelerar o escurecimento, depois cubra e leve à geladeira.

> **Um abacate raramente é vendido bem maduro, então é bem provável que você tenha de deixá-lo amadurecer em casa.**

Abóbora

Época: de janeiro a novembro

Abóboras grandes não são boas para tortas ou outras sobremesas. A polpa delas é aguada e cheia de fiapos. Em vez disso, procure as variedades próprias para cozinhar, como a moranga, a japonesa ou a paulista. Elas costumam ser menores e têm a polpa mais saborosa, que fica firme ao ser cozida. A abóbora seca é uma excelente substituta. Para obter cerca de 1¾ xícara de purê, você vai precisar de pouco mais de 1 kg de abóbora.

....

A melhor maneira de cozinhar abóbora para fazer purê é assá-la, pois esse processo a faz incorporar menos água do que cozinhá-la no vapor ou na água. Preaqueça o forno a 200° C. Corte a abóbora em pedaços de 5 a 7 cm, removendo o cabo, as fibras e as sementes. Coloque os pedaços, com a casca para baixo, em uma assadeira grande levemente untada com óleo. Adicione ⅓ xícara de água e cubra bem com papel-alumínio. Asse por 1 hora e 15 minutos ou até ficarem bem macios. Descubra, deixe esfriar e remova a casca. Bata a abóbora assada em um processador ou passe-a por uma peneira de furos médios. Transfira o purê para uma tigela e avalie sua consistência. Ele precisa ficar espesso. Se, ao inserir uma colher de pau no purê, ela ficar de pé, ele está espesso o bastante. Senão, coloque-o em uma peneira forrada com morim, sobre uma tigela, e deixe escorrer até ficar suficientemente firme para sustentar a colher. O purê de abóbora pode ser congelado em um recipiente hermético por até 1 mês.

....

Pode ser um desafio cortar a casca grossa de uma abóbora como a japonesa. Golpeá-la indiscriminadamente com uma faca pesada ou cutelo pode ser perigoso, mas acertá-la com golpes bem posicionados vai ajudar bastante. Coloque a faca ou o cutelo no ponto em que deseja cortar. Bata no dorso da faca com um martelo de borracha para que a lâmina atravesse a abóbora. Se você não tiver um martelo desses, cubra o dorso da faca com um pano dobrado e bata nele com uma panelinha pesada ou um martelo de carne liso. Quando a abóbora estiver cortada em pedaços grandes, você pode usar a mesma técnica para cortá-la em pedaços menores.

Ver também **Abobrinha**

> Se você não encontrar abóboras próprias para cozinhar, use abóbora seca.

Abobrinha

Época: a brasileira, de novembro a maio;
a italiana, de agosto a novembro

A abobrinha contém muita água, por isso pode ficar encharcada quando refogada ou grelhada. Salgar a abobrinha ajuda a retirar o excesso de umidade do legume. Corte-a nos pedaços desejados e adicione uma quantidade generosa de sal grosso (cerca de 1 colher (sopa) para cada 500 g de abobrinha). Transfira os pedaços para um escorredor e coloque-o na pia. Com um prato que caiba dentro do escorredor, faça peso sobre a abobrinha. (Você também pode usar um saco plástico cheio de água.) Deixe descansar por 1 hora. Enxágue-a bem sob água corrente e seque com papel-toalha. Ela vai ficar muito mais crocante do que uma abobrinha que não foi salgada.

Ver também **Abóbora**

Açúcar

Ao derreter açúcar para fazer xarope, você não quer que os cristais de açúcar voltem a cristalizar. Como garantia, xarope de milho ou cremor tártaro, que impedem a cristalização, podem ser adicionados ao açúcar antes de derretê-lo. Adicione 1 colher (sopa) de xarope de milho ou ¼ colher (chá) de cremor tártaro para cada xícara de açúcar. Qualquer um dos dois pode ser adicionado a qualquer receita, mesmo que não façam parte dos ingredientes.

....

O **açúcar de confeiteiro** dissolve rapidamente em bebidas e deixa bolos e outros doces com a massa bem fofa. Se você não tiver açúcar de confeiteiro, pode prepará-lo no processador. Coloque açúcar comum no aparelho, cubra o topo da tigela com filme plástico e depois feche com a tampa. Sem a proteção do filme plástico, o açúcar vai subir como uma nuvem de poeira pelo tubo de alimentação da tampa. Processe o açúcar por cerca de 2 minutos, ou até ficar bem fino.

....

Para criar a camada fina e caramelizada do crème brûlée, não use açúcar mascavo, que pode queimar antes de derreter. O **açúcar turbinado** (ou cru) é uma escolha perfeita, porque seus cristais grandes e quadrados derretem rapidamente, formando poças que cobrirão o pudim com uma fina camada de caramelo. Se você não tiver esse açúcar, o puro de cana também funciona. (O açúcar de beterraba não derrete de forma homogênea, então verifique o rótulo para ter certeza de que é de cana.) Polvilhe cerca de 2 colheres (chá) de açúcar sobre cada crème brûlée. Usando um maçarico culinário (ver página 199), passe a chama cerca de 2 cm acima do açúcar para derretê-lo.

....

Atualmente, o **açúcar mascavo** é açúcar branco coberto com melado. O **açúcar mascavo escuro** simplesmente recebeu mais melado que o mascavo claro. Os dois são intercambiáveis, dependendo da quantidade de sabor de melado ou da tonalidade desejada no prato.

O **açúcar mascavo não refinado** é o açúcar mascavo feito pelo método tradicional, a partir do açúcar levemente refinado. O açúcar mascavo não refinado claro teve mais melado removido que sua versão escura.

O **açúcar demerara**, também pouco refinado, possui cristais do tamanho de pequenos pedregulhos. É difícil de ser usado em receitas porque os cristais não dissolvem bem, mas é um excelente adoçante com sabor caramelo para bebidas quentes.

Açúcar caramelizado

Medindo com o termômetro especial para caldas, o açúcar cozido até o estágio de caramelo chega a 160° C ou mais. Mas o açúcar caramelizado raramente é feito em quantidade suficiente para medir com o termômetro. Então, confie em seus olhos e em seu nariz para saber quando o caramelo está pronto. Ele deve ficar com uma cor dourado-escura e ter um aroma ligeiramente amargo, e talvez você veja um pouquinho de fumaça. O caramelo geralmente é usado para conferir sabor a balas, sorvetes e até a alguns pratos salgados, como o clássico francês pato com laranja. Quando o caramelo é misturado a outros ingredientes, a temperatura da mistura pode ser medida com um termômetro.

....

Quanto mais tempo o caramelo cozinhar, mais escura será a cor e mais marcante o sabor. O caramelo cozido até ficar com uma cor dourado-clara não terá muitos tons amargos complexos que o diferenciem de um simples açúcar derretido. A cor ideal é parecida com a de uma moeda de cinco centavos: marrom, mas com um tom levemente avermelhado.

....

Não tente raspar o caramelo da panela. Encha-a de água até a metade, tampe e deixe ferver em fogo alto. A água quente e o vapor vão derreter e diluir o caramelo. No caso de forminhas individuais, coloque-as em uma panela grande imersas na água e deixe-as ferver.

Caramelos com flor de sal

RENDE 36 CARAMELOS

O sal é considerado um sabor salgado, mas muitas vezes é adicionado a sobremesas com caramelo, nas quais ele realça a interação entre o amargo e o doce. Uma crocante pitada de sal marinho em cada caramelo o identifica como uma experiência doce fora do comum.

1¼ xícara (chá) de creme de leite fresco

6 colheres (sopa) (85 g) de manteiga sem sal, e um pouco mais
  para a assadeira

½ colher (chá) de sal marinho, como a flor de sal, e um pouco
  mais para cobrir

1⅔ xícara (chá) de açúcar

⅓ xícara (chá) de xarope de milho

⅓ xícara (chá) de água

1 colher (chá) de essência de baunilha

1 Unte levemente uma assadeira de metal quadrada de 20 cm. Forre o fundo e as laterais com papel-manteiga, deixando cerca de 5 cm de papel pendurado para fora das laterais. (O excesso será usado como "alça" para remover a placa de caramelo.)

2 Em uma panela, misture o creme de leite, a manteiga e o sal e deixe ferver em fogo médio, mexendo sempre até a manteiga derreter. Retire do fogo.

3 Misture o açúcar, o xarope de milho e a água numa panela grande e pesada. Deixe ferver em fogo alto, mexendo somente até o açúcar dissolver. Continue fervendo sem mexer, girando a panela de vez em quando e soltando, com um pincel de cerdas naturais mergulhado em água gelada, os cristais de açúcar que se formarem nas laterais da panela, durante cerca de 6 minutos, ou até que a calda fique de uma cor dourado-escura. A calda deve ficar com um aroma levemente ácido e um pouco de fumaça deve subir da superfície.

4 Aos poucos, e com cuidado, adicione a mistura quente de creme de leite (ela vai borbulhar) ao caramelo. Quando parar de borbulhar, prenda um termômetro para caldas à panela. Cozinhe em fogo médio, mexendo sempre para evitar que queime, até a temperatura de 118° a 120° C (ponto de bala firme). Retire do fogo e adicione a baunilha.

5 Espalhe na assadeira já preparada. Transfira para uma grade e deixe descansar até amornar, cerca de 30 minutos.

6 Usando uma faca untada com óleo, divida a superfície do doce em 36 porções iguais. Jogue uma pitadinha de sal no centro de cada porção e pressione com o dedo para que grude. Deixe esfriar completamente, de 3 a 4 horas.

7 Erga as alças de papel para retirar a placa de caramelo por inteiro. Remova o papel-manteiga. Com uma faca untada com óleo, corte o caramelo, seguindo as marcas feitas anteriormente, em 36 pedaços individuais. Embale cada um deles em um quadrado de papel-manteiga, torcendo as pontas para lacrar. Os caramelos podem ser armazenados em um recipiente hermético, em temperatura ambiente, por até 1 semana.

Dicas para caramelos

- Não mexa a calda antes de adicionar a manteiga e o creme de leite.

- Solte os cristais que se formarem na panela com um pincel de cerdas naturais molhado em água gelada.

- Julgue o caramelo pela cor e pelo aroma, não com um termômetro para caldas.

- Adicione essência de baunilha a misturas quentes depois que terminarem de cozinhar.

Água acidificada

Algumas frutas e legumes, como maçã e alcachofra, escurecem quando descascados e expostos ao ar. Esse processo, chamado de oxidação, pode ser retardado com a submersão dos pedaços descascados em água acidificada, que é uma água na qual foi adicionado um ingrediente levemente ácido. Para cada litro de água, misture 2 colheres (sopa) de suco de limão, vinho ou vinagre branco ou tinto. Não use vinagre balsâmico, ele não é ácido o bastante. Mergulhar alimentos em água acidificada vai retardar o escurecimento, mas não impedirá que ele ocorra.

Alcachofra

Época: de agosto a novembro

Não se incomode em cortar as pontas afiadas das folhas de alcachofra com uma tesoura, como costuma ser aconselhado. As pontas ficarão macias durante o cozimento.

....

Se os talos das alcachofras estiverem intactos, não os descarte. Há uma polpa deliciosa logo abaixo da pele dura. Corte cada talo no ponto onde ele se encontra com a base das folhas e coloque-os em uma tigela de água

Alcachofra

acidificada (ver página 27), para evitar a descoloração. Ferva as alcachofras como de costume, adicionando os talos à panela durante os 20 minutos finais de cozimento. Remova a pele verde grossa dos talos antes de comer.

....

As alcachofras sofrem descoloração ao entrar em contato com alumínio sem revestimento ou com ferro fundido. Use uma faca de aço inoxidável para prepará-las e cozinhe-as em uma panela revestida.

....

Para manter as alcachofras submersas na água do cozimento, coloque um prato resistente ao calor ou um pano de prato por cima delas. Caso use um pano de prato, certifique-se de que ele não tenha resíduos da fragrância de produtos usados na lavagem.

....

É possível servir alcachofras com vinho? As alcachofras possuem uma adstringência única, graças à cinarina. De acordo com a crença popular, deve-se evitar o consumo de vinho ao comer alcachofras, porque a cinarina reage com essa bebida, deixando-a doce. Para reduzir esse efeito, equilibre o amargor da cinarina com um vinho branco bem ácido, como Sauvignon Blanc, Pinot Gris ou Pinot Blanc.

Ver também **Água acidificada**

Alho

O melhor utensílio para amassar o alho e remover sua casca é um descascador de alho de borracha no formato de canudo. Você também pode amassá-lo sob a lateral da lâmina de uma faca, mas é ainda melhor usar o fundo de uma lata pesada e fechada. Com área e peso maiores, a lata é muito mais segura que a faca.

....

Se você tiver que descascar uma grande quantidade de alho, amasse os dentes e coloque-os em uma tigela de água fria. A água vai ajudar a soltar a casca, facilitando sua remoção. O alho também não vai grudar em seus dedos.

....

Para evitar que o alho grude na faca, passe um pouco de sal ou óleo sem sabor na lâmina antes de começar a picar.

....

Eis três maneiras de eliminar o cheiro de alho das mãos depois de picá-lo. A primeira, e menos comum (mas funciona!), é esfregar bem as mãos com uma colher de inox. Ou tente esfregar borra de café nas mãos. Um terceiro truque é espremer suco de limão nas mãos, pegar um pouco de sal e esfregar até o cheiro sumir. Não use esse método se você tiver algum corte na pele, porque vai arder. Em todos os casos, enxágue bem as mãos com água fria depois de limpá-las.

....

29

Para fazer purê de alho sem usar o espremedor, rale o alho em um ralador bem fino. Essa também é uma excelente maneira de economizar tempo quando precisar adicionar alho a um molho para salada.

Alho-poró

Época: de março a dezembro

O alho-poró é arenoso, não há como evitar. Esta é a melhor maneira de limpá-lo: enxágue o alho-poró em água fria corrente para remover a sujeira superficial. Corte a ponta da raiz e a parte de cima, onde a parte verde--escura se encontra com a parte verde-pálida. Pique ou fatie, como a receita pedir, as partes brancas e verde--claras. Coloque o alho-poró fatiado em uma tigela com água gelada. Agite o conteúdo da tigela para separar as camadas e soltar o restante das impurezas na água. Deixe descansar por alguns minutos para que a terra vá para o fundo da tigela. Remova o alho-poró da água, deixando a sujeira para trás.

....

Resista à tentação de adicionar as pontas verde-escuras ao seu caldo. Elas têm tanta clorofila que podem tingir o caldo de verde.

Almofariz

O almofariz pode até ser um utensílio primitivo, mas muitos cozinheiros não o trocam por nada. O atrito do pilão na tigela libera lentamente os óleos naturais e outros elementos dos alimentos, realçando ainda mais seu sabor. O suribachi, que é um almofariz japonês de cerâmica com sulcos em seu interior, é ótimo para triturar especiarias inteiras com o mínimo de esforço.

Amêndoa

As amêndoas estão disponíveis no mercado de várias formas, para permitir que o cozinheiro escolha a cor e o formato de que precisa. **Amêndoas naturais** são amêndoas inteiras, com a pele marrom intacta. **Amêndoas sem pele** são inteiras, com a pele removida. **Amêndoas em filetes**, que costumam vir sem pele, são varetinhas estreitas. **Amêndoas em lascas ou lâminas**, disponíveis sem ou com pele (com um anel de pele marrom ao redor), são finas fatias ovaladas. Em geral, amêndoas com ou sem pele são intercambiáveis, embora algumas receitas especifiquem amêndoas sem pele em virtude de sua coloração mais clara.

....

Farinha de amêndoas são amêndoas moídas. Em bons supermercados, você pode encontrá-la nas versões com ou sem pele (a sem pele é mais cara). Para fazer a sua própria farinha, moa amêndoas inteiras, com ou sem pele, em um moedor de alimentos, usando a lâmina fina. Algumas receitas sugerem que a melhor maneira de fazer a farinha é moer amêndoas fatiadas no processador com um pouco do açúcar ou da farinha pedido pela receita, mas isso não resulta na textura leve da farinha preparada no moedor ou daquela que é comprada pronta.

Ver também **Frutas oleaginosas**

Amido de milho

O amido de milho costuma ser misturado a líquidos quentes para engrossá-los. Mas, antes de ser adicionado, deve ser totalmente dissolvido. Em uma tigela pequena, polvilhe amido de milho sobre água fria (não quente) e misture bem. Não adicione a água ao amido de milho, senão ele vai empelotar e não vai se dissolver da maneira adequada.

....

Durante a fervura, o amido de milho perderá parte de seu poder de engrossar o líquido. Quando uma mistura engrossada com amido de milho começar a ferver, abaixo o fogo para médio-baixo e deixe borbulhar durante cerca de 30 segundos, mexendo sempre para evitar que grude no fundo da panela, garantindo assim que a mistura tenha engrossado ao máximo.

Ver também **Araruta, Farinha**

Anchova

Esses peixinhos são o ingrediente secreto do cozinheiro bem informado. Por serem extremamente oleosas e terem forte cheiro de peixe, a maioria das pessoas logo diz que detesta anchovas. No entanto, elas fazem parte de um pequeno grupo de alimentos com umami, um "quinto gosto" que realça o sabor dos outros ingredientes de uma receita. São indispensáveis para uma massa à putanesca e um componente crucial do molho inglês (e, consequentemente, da salada caesar).

....

As anchovas costumam ser cortadas em filés, conservadas em sal e depois embaladas em pequenas latas com azeite ou outro óleo vegetal. A pasta de anchovas, preparada com filés de anchova moídos, elimina a necessidade de picá-las e dura indefinidamente na geladeira. Você pode substituir 2 filés picados por 1 colher (chá) de pasta de anchovas.

....

Anchova

Anchovas inteiras salgadas, que costumam fazer parte de receitas autenticamente italianas, são apreciadas pela textura carnuda e pelo sabor intenso. Você pode encontrá-las em empórios que vendem artigos gregos e italianos, onde talvez sejam vendidas a granel, mas geralmente são encontradas em latas, que variam de 200 g a 1 kg. Depois de abrir a lata e usar a quantidade necessária, transfira o conteúdo restante para um recipiente hermético, de vidro ou plástico. As anchovas durarão alguns meses.

....

Anchovas salgadas devem ficar de molho para que o excesso de sal seja removido e devem ser cortadas em filés antes de ser usadas. Para preparar anchovas salgadas, coloque-as em uma tigela, cubra-as com água, deixe descansar por 5 minutos e escorra. Com a anchova em uma das mãos, segure a cabeça do peixe com a outra mão e puxe-a na direção da cauda – a espinha deve se soltar da carne, restando um filé em sua bancada. Usando a ponta de uma faca, remova o outro filé da espinha. Raspe e descarte a pele. Prove. Se ainda estiverem muito salgados, deixe os filés de molho por mais alguns minutos.

Ver também **Umami**

Araruta

Pó branco obtido da raiz ralada da planta de mesmo nome, a araruta geralmente é usada para engrossar molhos. Alguns cozinheiros preferem araruta a farinha de trigo e amido de milho, porque ela pode ser usada em menor quantidade e não precisa ser fervida para atingir sua máxima eficácia, um bônus para molhos delicados. No entanto, esses benefícios também podem ser negativos: a araruta perde o poder se fervida por mais de alguns segundos ou se o molho ficar descansando por mais de 10 minutos. Por isso, não cozinhe demais um molho engrossado com araruta e sirva-o imediatamente. E também não use araruta no lugar de amido de milho, tapioca ou farinha de trigo no recheio de tortas, porque seu poder de engrossar é prejudicado pelo longo tempo de forno.

....

Use 1 colher (chá) de aratuta para 1 colher (chá) de amido de milho ou 1 colher (sopa) de farinha de trigo. Dissolva a araruta em um pouco de água fria antes de adicioná-la a um líquido quente.

Ver também **Amido de milho**

35

Arroz

O arroz costuma ser classificado de acordo com o tamanho do grão: curto, médio ou longo.

O arroz selvagem é na verdade um tipo de grama, e não um tipo de arroz. Tradicionalmente, ele é colhido à mão em pequenas plantações (geralmente em arrozais no norte da região Centro-Oeste dos Estados Unidos), mas também é plantado comercialmente no delta do rio Sacramento, na Califórnia. O arroz selvagem colhido manualmente leva mais tempo para cozinhar que a variedade comercial, então não fique surpreso se o tempo não for o mesmo que o indicado na receita. Adicione água à panela se o arroz selvagem ameaçar queimar antes de ficar pronto, ou, caso contrário, escorra o excesso de água do arroz cozido.

Em geral, não lave o arroz antes de cozinhá-lo, a menos que a receita o instrua a fazer isso. Costumamos lavar apenas o arroz de grão curto para sushi, pois parte do amido precisa ser removida para que se obtenha um melhor resultado, ou o arroz que não tenha sido embalado sob as condições mais higiênicas. Caso contrário, a água só vai retirar nutrientes do grão.

Para deixar o arroz de grão longo mais soltinho, siga esta dica: retire a panela do fogo, destampe-a, coloque um pano de prato por cima e tampe-a novamente. Deixe descansar por 5 minutos. O pano de prato vai absorver o excesso de umidade do vapor, fazendo com que o arroz termine de cozinhar sem precisar do fogo.

....

As panelas elétricas de arroz são maravilhosas, mas foram feitas originalmente para famílias asiáticas que comem arroz três vezes por dia e precisam de muitas porções. Se você quiser arroz apenas para o jantar, compre um modelo de menor capacidade. Ou utilize um modelo de capacidade média e use as sobras para outra refeição, fazendo bolinhos de arroz ou adicionando-o à sopa.

Tipos de arroz

Existem mais de 120 mil variedades de arroz, e inúmeras delas chegaram até o mercado. Há quatro tipos principais.

Tipo	Características	Exemplos
Grão longo	Fica soltinho e macio; bom como acompanhamento e em pilafes	Agulhinha (branco), jasmim (tailandês), basmati, selvagem, pecã, texmati
Grão médio	Fica úmido, macio e levemente pegajoso; melhor se usado em risotos, paellas e outros pratos nos quais o arroz empapado fica mais fácil de servir	Arbóreo italiano, carnaroli, vialone nano, calasparra, bomba
Grão curto	Os grãos são quase redondos; o arroz fica empapado e macio; usado para sushi	Arroz estilo japonês, arroz de sushi, pegajoso (também chamado de "doce" ou "glutinoso")
Arroz colorido	Pode ser qualquer variedade em que as películas coloridas não foram removidas pelo processamento	Marrom, negro, wehani, vermelho

Aspargo
Época: de outubro a dezembro

Descascar ou não descascar? Eis a questão quando o assunto são aspargos. Não é necessário retirar a casca e não faz muita diferença na hora de comer. Em vez de descascar, dobre a extremidade cortada de cada talo, quebrando a parte mais dura, onde ela se parte naturalmente (costuma ser a dois terços da ponta do aspargo). O restante do talo é macio.

....

Conserve os aspargos frescos por mais tempo deixando os talos hidratados. Quando chegar do supermercado, corte cerca de 1,5 cm da base de cada talo e coloque o maço em pé dentro de uma caneca grande. Adicione água suficiente para mergulhar a ponta dos talos e cubra o maço com um saco plástico. Ou corte cerca de 1,5 cm da base dos talos, enrole-os em papel-toalha úmido e coloque os aspargos dentro de um saco plástico, que deve pemanecer aberto. Em ambos os casos, deixe-os na geladeira, adicionando mais água à caneca ou umedecendo o papel-toalha quando necessário. Os aspargos vão se manter frescos por até 3 dias.

Assadeiras e formas

Para muitos cozinheiros, assadeiras e formas são os utensílios mais utilizados na cozinha. Feitas de vidro temperado, ferro fundido esmaltado ou cerâmica porosa ou vitrificada, podem ser usadas para assar batatas, legumes ou sobremesas ou ainda para cozinhar peixes. Não importa o formato – redondo, oval, retangular, quadrado –, elas devem ter pelo menos 5 cm de profundidade. Assadeiras com alças são mais fáceis de segurar do que as sem alças, principalmente se forem grandes.

Materiais

Assadeiras e formas são feitas de vários tipos de materiais, como alumínio, vidro ou silicone, e todos eles conduzem o calor de maneira diferente. A condução de calor refere-se à rapidez com a qual a assadeira aquece e esfria.

....

O **alumínio** é o melhor condutor de calor, e o preferido dos profissionais. Assadeiras desse material aquecem rapidamente, formando belas crostas douradas. Elas também mantêm o calor estável, assam o alimento de modo uniforme e esfriam rapidamente quando retiradas do forno.

....

O **vidro** é perfeito para pratos que vão do forno direto para a mesa, como ensopados, bolos e tortas, pois o material retém muito bem o calor e mantém os alimentos aquecidos para servir. Na verdade, o vidro absorve tão bem o calor que pode deixar os assados dourados ainda mais rápido. Por isso, alguns fabricantes de travessas de vidro recomendam diminuir em 20° C a temperatura do forno indicada nas receitas. Mas, em vez disso, você pode apenas diminuir o tempo de forno e observar o ponto de dourar.

....

Assadeiras de **cerâmica** também ficam lindas na mesa e, embora não aqueçam rapidamente no forno, mantêm bem o calor. Alimentos servidos em assadeiras ou travessas de cerâmica permanecerão quentes por mais tempo fora do forno do que aqueles servidos em assadeiras de metal.

....

Assadeiras **pretas ou escuras** absorvem e retêm o calor de maneira eficiente, então é preciso ter cuidado para que os alimentos não dourem rápido demais e queimem. Fique de olho no que estiver assando, lembrando que o prato pode ficar pronto em menos tempo do que aquele indicado pela receita.

....

Assadeiras **antiaderentes** contam com um revestimento liso que ajuda a remover bolos, biscoitos e pães depois de assados. As melhores escolhas são as de alumínio ou de liga de alumínio com acabamento antiaderente, pois ambos conduzem bem o calor, o que é importante para ajudar a firmar e a dourar a massa no forno. Apesar da promessa de ser antiaderente, sempre prepare a assadeira ou forma como a receita orientar (untando com manteiga, manteiga e farinha ou forrando com papel-manteiga). E nunca corte bolos ou pães em assadeiras antiaderentes, pois você pode riscar o acabamento com a lâmina da faca.

....

Assadeiras e formas de **silicone** são populares por soltarem facilmente os alimentos. Esses recipientes, moldados e flexíveis, são vendidos nos formatos tradicionais e em uma série de formatos diferentes e sofisticados. São especialmente úteis quando preparamos pratos que podem ser difíceis de remover de assadeiras tradicionais, como madalenas e canelés. Embora o silicone seja antiaderente, a maioria dos fabricantes recomenda untar levemente a forma com manteiga ou óleo e polvilhá-la com farinha de trigo. Coloque a forma de silicone sobre uma assadeira antes de levá-la ao forno. Os moldes de silicone não conduzem muito bem o calor, e o produto final pode ficar um pouco mais pálido do que os assados em formas de metal.

Formas de bolo

Formas de bolo em camadas. Essas formas são vendidas em diversos tamanhos, mas a maioria das pessoas que cozinham em casa usa formas de 20 ou 23 cm. Preste atenção na profundidade da forma. Receitas mais antigas geralmente pedem formas com 4 cm de profundidade, para que o preparo resulte em dois bolos para rechear, empilhar e cobrir, mas os livros de receitas atuais costumam pedir formas de 5 cm de profundidade. Essas receitas resultam em um único bolo, mais alto, horizontalmente dividido em dois, que alguns confeiteiros garantem ser mais fáceis de cobrir. Certifique-se de que suas formas têm laterais retas, não inclinadas, para simplificar a cobertura das camadas sobrepostas. Formas de bolo de alumínio ou de liga de alumínio conduzem bem o calor. Metal espesso absorve melhor o calor, ajudando o bolo a crescer de maneira uniforme.

....

Formas de fundo falso. Geralmente são redondas, com as laterais presas por um fecho que, quando fechado, prende firmemente o fundo da forma. Essas formas fundas de metal são indispensáveis para o preparo de cheesecakes e tortas. Procure formas de qualidade, feitas de alumínio ou aço espesso, com fechos firmes. Formas baratas tendem a entortar, e, se houver um espaço entre a lateral e o fundo, a forma estará inutilizada.

....

Formas de buraco no meio. Um tubo conduz o calor pelo centro dessa forma, o que faz com que o bolo ou o pudim asse de maneira uniforme. Atualmente, há formas de buraco no meio com inúmeros formatos, embora as formas bundt (formas de buraco no meio ornamentais, com sulcos ou outros motivos decorativos) e as de pão de ló sejam as mais comuns. Apesar de existirem formas antiaderentes para pão de ló, elas não são a melhor opção, porque a superfície lisa atrapalha o cresci-

43

mento da massa. Se você tiver uma forma de buraco no meio antiaderente, use-a para bolos à base de manteiga.

Assadeiras e formas variadas

Formas de bolo inglês. Os tamanhos mais comuns são 23 x 13 cm e 22 x 12 cm. Embora as formas pareçam quase iguais, há uma diferença de 2 xícaras de volume entre elas. As formas de bolo inglês são feitas de vários tipos de materiais, de alumínio a vidro, e todas são eficientes. Apenas lembre que alguns materiais exigem certos ajustes na receita. Por exemplo, ao usar uma forma de vidro, reduza a temperatura do forno em 20° C, ou fique de olho no pão ou bolo para evitar que passe do ponto.

....

Formas de muffins. Essas formas versáteis não são usadas apenas para assar muffins, mas também para cupcakes e pãezinhos. Cada cavidade de tamanho padrão tem capacidade para ½ xícara rasa de massa. Pode haver variações, então meça o volume da cavidade enchendo-a de água até a borda. Uma diferença de 1 colher de sopa pode não parecer muita coisa, mas, se você multiplicar essa variação por doze, o resultado pode ser uma quantidade maior ou menor de muffins. Formas antiaderentes são especialmente úteis, porque eliminam a necessidade de forrar as cavidades com forminhas de papel para evitar que a massa grude. Além da forma padrão, existem também as formas jumbo e para minimuffins e formas bem rasas, para assar só o topo dos bolinhos.

....

Assadeiras de cookies e genéricas. As assadeiras de cookies podem não ter bordas, ou talvez tenham uma ou duas laterais mais altas para facilitar a remoção dos cookies. Assadeiras genéricas possuem laterais altas, geralmente com 2,5 ou 3,5 cm de altura. Profissionais usam assadeiras de alumínio resistente para todos os fins. Medindo cerca de 43 x 30 cm, elas são robustas e não entortam com o uso contínuo.

Formas de torta

A maioria das formas de torta (de metal), pratos ou travessas (de vidro ou cerâmica) tem 23 cm de diâmetro, mas a profundidade pode variar bastante, e cada uma tem sua vantagem.

....

Formas de vidro temperado, padrão em muitas cozinhas, medem 23 cm de diâmetro, cerca de 4 cm de profundidade e têm capacidade para 4 xícaras. A transparência permite que você veja quando a massa está dourada por baixo e nas laterais, o que é uma excelente vantagem. Existem formas de vidro mais fundas para tortas, que costumam ter 24 cm de diâmetro, 5 cm de profundidade e capacidade para 7 xícaras. Os tamanhos costumam estar gravados no fundo dos recipientes de vidro.

....

Formas de metal são resistentes e conduzem bem o calor. Formas de alumínio são leves e deixam a massa dourada e crocante. Massas assadas em formas de aço estanhado não douram tão bem, mas a forma confere um visual brilhante e moderno à mesa. Ao usar formas pretas ou muito escuras, fique de olho na torta, que pode ficar pronta em menos tempo do que a receita indica.

....

Formas de alumínio descartáveis têm capacidade entre 3 e 3½ xícaras e são boas para levar a eventos e reuniões nos quais você não quer se preocupar em trazê-las de volta para casa. Para deixá-las mais resistentes ao assar e transportar, use duas formas, uma dentro da outra.

....

Travessas de cerâmica fundas costumam ter 23 cm de diâmetro e capacidade para 6 xícaras. As tortas precisam assar por mais tempo do que em formas de metal ou vidro, mas ficam com a massa crocante, e a travessa fica especialmente bonita à mesa. Para se certificar de que há massa e recheio suficientes para esse tipo de recipiente, use uma receita que leve ao menos 1½ xícara de farinha de trigo (ou que renda uma massa de torta de 25 cm) e aumente em ⅓ (ou até ½) a quantidade de recheio.

....

Formas caneladas. As mais comuns são feitas de alumínio polido, com fundo falso, laterais caneladas e 2,5 cm de altura. Formas feitas de aço escuro (sem revestimento ou antiaderentes) retêm o calor, e a massa deve ser cuidadosamente observada para evitar que passe do ponto. Essas formas possuem vários tamanhos e formatos, embora a forma redonda de 24 cm de diâmetro seja o padrão.

....

Aro modelador para pudim. O aro liso (sem bordas caneladas) de metal confere um visual moderno e profissional a pudins assados. (Para a maioria dos cozinheiros, o pudim é uma espécie de flã à base de ovos, parecido com o francês crème caramel. Mas, na confeitaria clássica, pudim é uma torta com recheio cremoso assado. Não tente assar um flã em um aro modelador para pudim, ou o creme vai vazar pelo fundo do aro.) Coloque o aro em uma assadeira com laterais, forrada com papel-manteiga ou tapete de silicone, depois preencha-o com a mistura. Deixe o pudim esfriar completamente na assadeira e use uma grande espátula de metal para transferi-lo a um prato de servir. Se tentar movê-lo cedo demais, o pudim pode se partir.

Formas de suflê

Formas de suflê (também chamadas de ramequins, principalmente quando usadas para outra finalidade além de assar suflês) são redondas com laterais retas e podem ser feitas de cerâmica, louça, vidro ou porcelana. Os tamanhos vão de miniaturas (com capacidade para 60 ml ou ¼ xícara) até os grandes (com capacidade para cerca de 7½ xícaras). Uma forma de 180 ml (¾ xícara) é um bom tamanho para porções individuais de cremes, pudins e outros pratos, e é útil também para separar medidas de ingredientes ou preparados a ser usados em receitas.

Ver também **Banho-maria, Pudim**

Tamanho e formato

O diâmetro de uma assadeira é medido por cima, do lado de dentro de uma das bordas até o lado de dentro da borda oposta. Meça a profundidade pelo lado de fora, da parte de cima até a base.

....

Para identificar rapidamente o tamanho, sem precisar medir a forma todas as vezes, marque as dimensões na base da forma, com caneta permanente.

....

Para obter os melhores resultados, sempre use a forma do tamanho que a receita pedir. Se a que você tem em mãos for um pouco maior ou menor que a indicada, você ainda assim pode usá-la, mas lembre-se de que, em uma forma menor, a massa vai demorar um pouco mais para assar, porque a camada será mais espessa, e vice-versa. A tabela de volumes de formas, na página seguinte, pode ajudar a escolher formas alternativas quando você não tiver a indicada.

Volumes de formas

A tabela a seguir inclui algumas das formas e assadeiras mais usadas e seus volumes (a quantidade de água que suportam quando preenchidas até a borda). Consulte-a quando não tiver a forma indicada pela receita, ou quando quiser variar o formato. Sempre escolha uma forma que tenha o mesmo volume. A profundidade pode variar um pouco, mas uma mudança drástica pode causar problemas. Se a forma for rasa demais, a massa ou o recheio pode transbordar, e, se for alta demais, a massa pode não dourar de maneira uniforme, e as laterais de um bolo, por exemplo, ficarão mais altas que o centro.

Dimensões (cm)	Tipo e formato	Capacidade
6 x 10 x 3	bolo inglês, mini	⅔ xícara
22 x 12 x 6	bolo inglês	6 xícaras
23 x 13 x 8	bolo inglês	8 xícaras
3,5 x 2	cavidade de muffin, mini	2 colheres (sopa)
7 x 3,5	cavidade de muffin, padrão	½ xícara rasa
8,5 x 4,5	cavidade de muffin, grande	⅞ xícara*
20 x 4	bolo, redonda	4 xícaras
20 x 5	bolo, redonda	6 xícaras

23 x 4	bolo, redonda	6 xícaras
23 x 4,5	bolo, redonda	7½ xícaras
23 x 5	bolo, redonda	8 xícaras
23 x 7,5	bolo, redonda	13 xícaras
25 x 5	bolo, redonda	11 xícaras
20 x 20 x 4	bolo, quadrada	6 xícaras
20 x 20 x 5	bolo, quadrada	8 xícaras
23 x 23 x 4	bolo, quadrada	8 xícaras
23 x 23 x 5	bolo, quadrada	10 xícaras
15 x 7,5	fundo falso, redonda	4 xícaras
18 x 6	fundo falso, redonda	5½ xícaras
20 x 5	fundo falso, redonda	6 xícaras
22 x 6	fundo falso, redonda	7½ xícaras
20 x 7,5	fundo falso, redonda	10 xícaras
24 x 6	fundo falso, redonda	10 xícaras
23 x 7,5	fundo falso, redonda	11 xícaras
25 x 6	fundo falso, redonda	12 xícaras
4,5 x 10	bundt, mini	1 xícara
16,5 x 9	bundt	5½ xícaras
19 x 7,5	bundt	6 xícaras
22 x 9	bundt	7 xícaras
23 x 7,5	bundt	9 xícaras
25 x 9	bundt	12 xícaras

Segredos de cozinha

19 x 7,5	buraco no meio	6 xícaras
25 x 10	buraco no meio	16 xícaras
22 x 8,5	Kugelhopf	9 xícaras
23 x 2,5	torta, descartável	3 a 3½ xícaras
23 x 4	torta, vidro refratário	4 xícaras
23 x 5	torta, cerâmica canelada	6 xícaras
25 x 4	torta	6½ xícaras
24 x 5	torta, vidro refratário fundo	7 xícaras
6 x 2	tortinha, mini	2 colheres (sopa)
10 x 2	tortinha	½ xícara
23 x 2,5	torta, canelada, fundo falso	4 xícaras
24 x 4	torta, redonda, cerâmica canelada	4 xícaras
16,5 x 2,5	gratinado, cerâmica redonda	1½ xícara
28 x 18 x 5	assadeira, retangular	6 xícaras
33 x 23 x 5	assadeira, retangular	12 xícaras
33 x 23 x 7,5	assadeira, retangular	14 xícaras
8 x 5	suflê	⅔ xícara
9 x 5	suflê	¾ xícara
9,5 x 4,5	suflê	1 xícara
19 x 8	suflê	7½ xícaras
8 x 4,5	forminha para pudim	¾ xícara

* ⅞ xícara = 1 xícara menos 2 colheres (sopa)

Dicas divinas para assar com perfeição

Assar é cozinhar um alimento no calor seco e contido de um forno, com temperatura moderada e consistente. Nesta seção, utilizamos "assar" no sentido de preparar tortas, pães e outros pratos à base de farinha de trigo. Muita gente se sente perdida quando o assunto é assar, o que é uma pena. Sim, as regras que regem os assados são tipicamente mais precisas que as do cozimento "comum", mas é essa atenção aos detalhes que torna esse processo tão recompensador.

1 Use a forma do tamanho correto e prepare-a como a receita indicar. Não substitua a forma a menos que seja absolutamente necessário. Nesse caso, consulte a tabela "Volumes de formas", à página 49, para fazer a melhor substituição.

2 Meça todos os ingredientes, coloque-os em recipientes adequados e deixe-os todos à mão quando começar a preparar a massa. Note que alguns confeiteiros usam o método "mergulhar-e-nivelar" para medir a farinha de trigo, já outros defendem o método de "encher-às-colheradas-e-nivelar" (ver **Medidas**, página 214). Se estiver usando um livro de receitas, leia a introdução para saber qual é o método utilizado pelo autor.

3 Coloque a grelha na posição correta e preaqueça o forno, esperando pelo menos 15 minutos para que se atinja a temperatura solicitada pela receita. Se a receita não especificar a posição da grelha, devemos inferir que ela deve permanecer no meio do forno. (Ao assar pão, preaqueça o forno por pelo menos 30 minutos, de preferência por 1 hora.) Sempre use um termômetro para forno (ver **Forno**, página 168). Para que ele lhe dê uma leitura precisa, coloque-o no meio da grelha central.

4 Siga as etapas e os tempos da receita. Cuidado para não bater demais a massa, o que é um problema bem comum. Bater em excesso vai deixar a massa dura e fazer com que as claras em neve desabem. Quando bater uma massa, desligue a batedeira com frequência para raspar as laterais da tigela. Verifique o fundo da tigela também. As pás de algumas batedeiras não conseguem raspar bem o fundo.

5 Coloque a assadeira ou assadeiras no forno rapidamente, lembrando que, toda vez que a porta do forno é aberta, o calor se dissipa. Deixe espaço suficiente ao redor das assadeiras para que o ar circule livremente. Caso seu forno tenha um ponto mais quente (e a maioria tem) que possa provocar um escurecimento desigual, gire as assadeiras na metade do tempo. Se estiver assando duas assadeiras de biscoitos juntas, troque-as de grelha e gire-as na metade do tempo indicado na receita.

6 Use um timer, mas não confie apenas nele. Para verificar se algo está pronto, siga também as dicas visuais da receita.

7 Reserve espaço suficiente para o resfriamento. Biscoitos, em particular, precisam de bastante espaço. Se precisar inverter um bolo sobre uma grade de resfriamento, tenha uma grade extra à mão para facilitar o procedimento.

8 Deixe os alimentos esfriarem na forma antes de removê-los. Geralmente as pessoas tentam desenformar bolos e outros alimentos delicados antes de terem tido tempo de esfriar e firmar, o que pode fazer com que eles rachem.

Aveia

Para dar mais sabor a biscoitos e outras receitas, cozinhe a aveia em flocos numa frigideira em fogo médio, mexendo constantemente, até tostar. Espere esfriar para usar.

....

Tanto a aveia em flocos, também chamada de "aveia tradicional", quanto a aveia em flocos finos são flocos que foram pré-cozidos e prensados. A principal diferença é a espessura. Ambas podem ser usadas em receitas doces ou salgadas. Não utilize aveia instantânea, que contém flocos menores, em receitas. A aveia em grãos inteiros, que não foram prensados em flocos, deve ser reservada para consumo no café da manhã, cozida.

Avelã

A casca amarga das avelãs sempre é removida antes do consumo. Não se preocupe em remover toda a pele dos frutos torrados. Uma pequena quantidade vai adicionar cor e sabor. Se quiser avelãs totalmente sem pele, use um ralador fino para remover os pedacinhos mais difíceis.

....

Toste as avelãs descascadas em uma assadeira em forno preaquecido a 180° C, mexendo de vez em quando, por 12 minutos, ou até que a pele esteja bem partida e os frutos pareçam levemente tostados por baixo. Coloque-as em um pano de prato limpo e faça uma trouxa. Prenda a trouxinha com um elástico, caso possa confundir o pano com avelãs com outros em sua cozinha. É muito fácil esquecer, pegar o pano para secar alguma coisa e acabar espalhando avelãs quentes pelo chão. Reserve até que estejam frias o bastante para manusear, depois esfregue-as vigorosamente no pano para remover o máximo possível de pele. Lembre-se de que não há problema se sobrar um pouco de pele.

Aves

Você já colocou a mão dentro da cavidade de um frango fresco e descobriu que ele estava congelado por dentro? Aves podem ser resfriadas a até -3° C e ainda assim ser consideradas frescas. (A água pode congelar a 0° C, mas a carne de aves não congela totalmente antes de atingir -4° C.) Os poucos graus a menos aumentarão a validade da carne.

....

Embora muitos cozinheiros tenham o hábito de lavar a carne de ave antes de prepará-la, isso não é necessário. Ela sempre é preparada a uma temperatura que mata qualquer bactéria prejudicial. Na verdade, pode até ser mais perigoso lavar a ave, já que você pode espirrar água contaminada por toda a pia e pela bancada da cozinha.

....

Depois de preparar a ave, reduza a chance de contaminação por bactérias lavando a tábua, os utensílios usados no preparo e as mãos com água quente e sabão. É uma boa ideia reservar uma tábua para cortar carne crua bovina e de ave e uma segunda para outros ingredientes.

Azeite de oliva

Atualmente, a maioria dos azeites é denominada de azeite de oliva (ou puro azeite de oliva) ou azeite de oliva extravirgem. O **azeite de oliva** é tratado com substâncias químicas e calor para que sejam removidos odores e impurezas, um processo que elimina grande parte do sabor. Por isso ele é misturado com azeite extravirgem, para recuperar esse sabor, que não é tão intenso quanto o do extravirgem, mas é bom para assar, refogar e usar em outros preparativos nos quais a alta temperatura destruiria o sabor do azeite de oliva extravirgem.

. . . .

O **azeite de oliva extravirgem** não é submetido ao calor nem tratado com substâncias químicas. Esse tipo de azeite é extraído de azeitonas colhidas no auge da maturidade. Dependendo de sua região de origem (geralmente, quanto mais quente o clima, mais intenso o gosto), pode apresentar sabor frutado e rústico ou leve e amanteigado. Você pode usar azeite de oliva extravirgem mais barato para cozinhar, mas reserve os especiais para saladas, legumes e pães.

. . . .

O azeite de oliva é basicamente o suco da azeitona, então seu prazo de validade é menor que o dos óleos vegetais extremamente refinados. Guarde-o em local escuro, de preferência em uma garrafa de vidro escura, para evitar a entrada de luz, que pode fazer com que ele estrague mais rapidamente. A temperatura não deve passar de 21º C. Se você comprar azeite a granel, mantenha na cozinha apenas aquilo que for usar durante 1 ou 2 semanas e guarde o restante em uma adega ou porão fresco.

....

O azeite de oliva pode ser guardado na geladeira, mas com isso vai engrossar e ficar opaco. Não se preocupe, ele ficará novamente líquido e claro quando voltar à temperatura ambiente, sem prejuízo algum.

Ver também **Gorduras e óleos**

Azeite de oliva

Azeitona

Use um descaroçador de cerejas para remover o caroço de azeitonas. (Ou um descaroçador de azeitonas para remover o caroço de cerejas!) Caso não tenha nenhum dos dois, use um batedor de carne liso ou o fundo de uma pequena frigideira para esmagar as azeitonas sobre uma tábua, o que lhe permitirá remover-lhes o caroço. De qualquer forma, há poucas receitas que pedem azeitonas perfeitamente descaroçadas.

....

Se você aprecia martínis, jogue fora a salmoura que vem no pote de azeitonas e substitua-a por vermute seco. Você vai realçar tanto o sabor das azeitonas quanto o de seus martínis.

....

Um boleador de melão pode ser usado para retirar as azeitonas do pote. O pequeno furo do boleador deixará a salmoura escorrer.

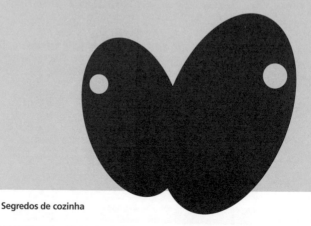

B

Bacon
Bala
Banana
Banho-maria
Barbante culinário
Batata
Batata-doce e cará
Batedor de carne
Baunilha
Bebidas alcoólicas
Berinjela
Beterraba
Beurre manié
Bicarbonato de sódio
Bifes
Biscoitos
Bolo bundt
Bolos
Branquear
Brownies
Buttermilk

Bacon

Asse seu bacon! A fritura é o modo tradicional de prepará-lo, mas o calor pode fazer a gordura espirrar por todo o fogão. No forno, o bacon assa a uma temperatura mais baixa, reduzindo a sujeira e o encolhimento. Também é a melhor maneira de preparar bacon em grandes quantidades. Disponha as fatias numa assadeira de bordas altas, uma ao lado da outra. Asse em forno preaquecido a 200° C por 20 minutos, ou até dourarem e ficarem crocantes. Remova a gordura acumulada, se necessário. Coloque o bacon para escorrer em papel-toalha.

O bacon pode ser congelado por até 4 semanas. O processo de cura afeta a estabilidade da gordura, o que significa que o bacon pode ficar rançoso mesmo congelado. Embora você possa congelar um pacote fechado, é melhor separar as fatias em porções mais convenientes (como cerca de 100 g para a preparação de um prato). Enrole o bacon bem firme com filme plástico, depois embale-o novamente com papel-alumínio. Deixe descongelar totalmente na geladeira antes de preparar.

Bala

Fazer bala se resume a manipular uma calda de açúcar para que ela fique do jeito que você quiser. Quando a calda cozinha, sua umidade evapora, então, quanto mais alta a temperatura, mais dura será a bala: pirulitos são cozidos em temperatura mais alta que marshmallows. Se a calda for mexida, como no caso do fudge, os cristais de açúcar se unem e a massa fica maior à medida que o ar é incorporado.

....

Um termômetro para caldas é a melhor maneira de checar sua temperatura. Para obter uma leitura precisa, certifique-se de que o termômetro esteja bem preso à lateral da panela e que a ponta esteja suficientemente submersa na calda. A calda passa por vários estágios à medida que a temperatura sobe e a água evapora, tornando-se mais concentrada. As receitas indicam o estágio desejado, de ponto de fio a caramelo escuro, então você tem uma margem de alguns graus.

....

Se não tiver um termômetro desses, você pode usar o teste da água fria, que mede a temperatura da calda pela maneira como ela se comporta quando derramada em água fria. O termômetro é sem dúvida a melhor opção, mas você pode usar esse teste como uma segunda confirmação. Para fazê-lo, coloque um copo de água bem gelada (sem cubos de gelo) perto do fogão. Sem mexer a calda, pegue cerca de 1 colher (chá) do preparado. Deixe-o cair na água e analise sua consistência. Dependendo da temperatura, a calda vai reagir de maneira diferente na água, passando de fios delicados e finos a bolas macias ou duras, até fios rígidos que se quebram à medida que a temperatura sobe.

....

Xarope de milho, suco de limão e cremor tártaro impedem a cristalização. Mesmo que sua receita não peça nenhum desses ingredientes, você pode adicionar qualquer um deles à calda para evitar a cristalização. Use 2 colheres (sopa) de xarope de milho, 1 colher (sopa) de suco de limão ou ⅛ colher (chá) de cremor tártaro para cada xícara de açúcar.

....

O micro-ondas é excelente para cozinhar calda, que não vai queimar devido ao calor direto. Use um recipiente grande, próprio para micro-ondas (uma jarra medidora de vidro temperado, com capacidade para 2 litros, funciona bem para a maioria das receitas), para permitir que a calda ferva. E nunca deixe o termômetro na calda enquanto ela cozinha no micro-ondas.

Tabela de temperatura de pontos de bala

Nome	Temperatura	Teste da água fria	Utilização
Fio	106° a 112° C	A calda forma fios finos e curtos.	Frutas cristalizadas
Bala mole	112° a 118° C	A calda forma uma bola macia na água, mas ela se espalha ao ser retirada dali.	Fudge e fondant
Bala firme	118° a 121° C	A calda pode ser modelada em uma bola firme, mas maleável, que perde a forma quando pressionada.	Caramelo
Bala dura	121° a 130° C	A calda pode ser modelada em uma bola firme e grudenta.	Marshmallow, torrone
Crosta mole	132° a 143° C	A calda forma fios firmes, mas maleáveis.	Bala
Crosta dura	148° a 154° C	A calda se solidifica, mas quebra em pedaços.	Pirulito
Caramelo	acima de 160° C	A princípio a calda fica dourada, depois escurece com o cozimento mais longo.	Pralinê

Banana

Época: o ano todo

A verdade é: não guarde bananas na geladeira. O frio interrompe o processo de amadurecimento. Então, conserve-as na geladeira apenas se não quiser que as bananas amadureçam mais.

....

Para que amadureçam mais rapidamente, guarde as bananas junto com maçãs em um saco de papel fechado. As maçãs liberam gás etileno, que acelera o amadurecimento das bananas.

....

Se quiser a fruta madura para cozinhar, mas não tiver nenhuma, você pode imitar o processo de amadurecimento no forno. Em uma travessa de vidro refratário, asse as bananas descascadas e cortadas em fatias grossas a 200° C durante aproximadamente 30 minutos, ou até amolecerem bem. Deixe esfriar completamente antes de usar.

....

Muitos pratos assados pedem bananas bem maduras, mas as cascas não podem estar pretas, ou a fruta terá um sabor fermentado. Em vez disso, procure cascas cheias de pontos marrons. Se as bananas estiverem perfeitamente manchadas e você ainda não precisar delas, embale-as sem descascar e congele-as por até 1 mês.

Banho-maria

Reza a lenda que o termo "banho-maria" é uma referência à temperatura morna da água preferida pela Virgem Maria. Trata-se de um banho de água usado para cozinhar pratos delicados, como pudins e alguns cheesecakes. Também pode ser preparado na chama do fogão, para manter molhos aquecidos.

....

Ao preparar um banho-maria para cozinhar pudins, não use água fervente, pois ela pode aumentar a temperatura do prato e cozinhá-lo demais. Algumas receitas pedem que se forre o fundo da assadeira com um pano de prato para isolar ainda mais o calor, mas isso costuma ser desnecessário, exceto para alimentos mais delicados. (Isso também impede que ramequins imersos no banho escorreguem.) Quando necessário, um tapete de silicone funciona melhor que um pano e tem a vantagem de não precisar ser torcido depois.

....

Ramequins ou recipientes de porcelana para pudim, ao ser retirados do banho-maria, podem escorregar facilmente das mãos. Para pegá-los com mais firmeza, use pinças de cozinha com pontas de silicone ou enrole elásticos grossos em suas extremidades. Pinças com a ponta emborrachada, usadas para manusear vidros esterilizados, também funcionam.

Ver também **Pudim**

Barbante culinário

Se você não tiver barbante culinário, use fio dental sem sabor. Ao usá-lo para amarrar carne, como lombo de porco, não amarre o fio muito apertado, para evitar que corte a carne e esta perca seus sucos durante o cozimento.

Batata

Época: o ano todo

Existem dois tipos básicos de batata, cada um com suas aplicações específicas, embora existam muitas variedades para agradar ao gosto pessoal de cada um. **Batatas para assar**, como a ágata e a monalisa, têm a casca grossa, que geralmente não é consumida, e a polpa farinhenta, que se torna bem macia quando cozida. Use-as para assar inteiras ou fazer purê. **Batatas para cozinhar** possuem a casca fina, que pode ser consumida. São boas para cozinhar, assar em pedaços e para saladas. A batata bintje é a mais versátil, possuindo as qualidades de ambos os tipos.

....

Não guarde batatas e cebolas no mesmo lugar. As batatas soltam umidade, o que pode amolecer as cebolas.

....

Guarde as batatas em local fresco, mas não na geladeira, ou ficarão com um sabor estranho.

....

Para evitar que as batatas descascadas escureçam, mergulhe-as em água gelada. Não é preciso adicionar sal, suco de limão ou qualquer outra coisa. Se tiver de descascar muitas batatas para uma grande refeição, você pode guardá-las na água em local fresco por até 8 horas. Adicione cubos de gelo para manter a água gelada.

....

Muitos cozinheiros preferem um espremedor ou amassador de batatas para fazer purê, mas e se você não tiver esses utensílios? Um mixer portátil funciona bem, ou uma batedeira, para quantidades maiores. Um método mais simples é usar uma escumadeira em forma de rede.

....

Ao cozinhar batatas para fazer purê, elas podem ficar encharcadas demais. Uma maneira de acabar com o excesso de umidade é escorrer as batatas e colocá-las de volta na panela. Depois, coloque um pano de prato limpo, dobrado, sobre a panela e ponha a tampa por cima do pano. Deixe descansar de 3 a 5 minutos. O pano vai absorver parte do vapor emitido pelas batatas, resultando em um purê mais macio.

Batata-doce e cará

Época da batata-doce: de maio a outubro
Época do cará: de março a setembro

Cará e batata-doce não são a mesma coisa. O cará parece uma batata grande com a casca enrugada, tem a polpa clara e a casca de marrom-clara a rosada, e não é muito doce. Para ter certeza de que está comprando cará, raspe ligeiramente a casca com a unha. A polpa deve ser clara.

....

O tubérculo açucarado de polpa laranja, com casca amarronzada, que alguns cozinheiros costumam chamar de cará, é na verdade batata-doce. Quando uma receita pede batata-doce, geralmente está se referindo ao tipo que tem a polpa alaranjada, mais doce e úmido que a variedade com a polpa amarela, mais firme e seca. Se você estiver em um mercado que ofereça ambos os tipos e o verdadeiro cará, ficará feliz em saber a diferença.

....

Pela aparência, era de esperar que a batata-doce tivesse a mesma durabilidade que as comuns, mas ela é bem perecível. Guarde-a em local frio e escuro (mas não na geladeira, onde perde o sabor) e use-a em até 1 semana.

> É seguro dizer que, se uma receita natalina pedir batata-doce, ela se refere à variedade de polpa alaranjada.

Batedor de carne

Alguns cortes de carne (escalopes de vitela, peito de frango sem osso) costumam ser batidos para ficar com a espessura uniforme e cozinhar por igual. Para isso, use o lado liso do batedor. Se o batedor também tiver um lado com pontas, use-o para amaciar cortes mais duros, como acém ou paleta.

> Um rolo de abrir massa (ou mesmo uma garrafa de vinho vazia) pode substituir o batedor de carne liso.

Baunilha

Às vezes, cristais se formam na parte externa de uma fava de baunilha, deixando-a esbranquiçada. Não se trata de bolor, mas de um indicativo de favas saborosas e de alta qualidade. Se você não tiver certeza do que está vendo, olhe a fava à luz do sol. Se a cobertura for opaca e felpuda, é bolor, e você deve jogar a fava no lixo. Se ela contiver pequenos cristais brilhantes, você terá em mãos uma fava de ótima qualidade.

....

Não guarde favas de baunilha na geladeira: elas podem endurecer e cristalizar. Em vez disso, guarde-as em recipiente hermético num armário fresco e escuro, assim elas devem durar vários anos. Se ficarem duras e secas, não se preocupe – elas voltarão ao normal em líquido morno, ao qual a maioria das favas de baunilha é adicionada.

....

Algumas receitas usam apenas as minúsculas sementes de baunilha, em vez de mergulhar a fava inteira em líquido morno. Se sua receita pedir apenas as sementes, e a fava que for usar estiver ressecada, transfira ½ xícara do líquido da receita (como leite ou creme de leite) para uma tigela que possa ser levada ao micro-ondas. Corte a fava em pedaços de 2,5 cm e adicione-os ao líquido. Aqueça em potência média por cerca de 30 segundos, ou só até que o líquido fique morno. Deixe os pedaços esfriarem e se hidratarem no líquido. Retire-os, corte-os no sentido do comprimento usando uma faquinha afiada e raspe as sementes com a ponta da faca. Use o líquido na receita: ele vai adicionar um sabor extra de baunilha.

....

As favas de baunilha que você adicionou a uma receita e depois removeu podem ser usadas para fazer açúcar baunilhado. Mesmo que você tenha raspado as sementes e as adicionado à receita, ainda assim você pode usar as favas. Lave a fava inteira (ou os pedaços) e deixe secar por vários dias sobre papel-toalha. Corte em pequenos pedaços e leve ao processador com 1 xícara de açúcar comum por cerca de 20 segundos, ou até que a fava esteja pulverizada. O açúcar baunilhado pode ser guardado indefinidamente em recipiente hermético em temperatura ambiente. Antes de usá-lo, passe-o na peneira para remover qualquer pedaço maior de fava.

Bebidas alcoólicas

Não é à toa que os pratos que levam um pouco de bebida alcoólica possuem sabor mais intenso. Um saborizante é uma combinação de substâncias químicas nos alimentos detectada pelo sabor e pelo aroma. Apenas alguns são solúveis em água (ou seja, na saliva), mas todos são solúveis em álcool, por isso as bebidas alcoólicas realçam os sabores.

....

Bebidas alcoólicas

Ao flambar uma bebida alcoólica, você elimina um pouco do álcool, o que suaviza o gosto alcoólico e realça o sabor da bebida. Flambada ou não, mesmo que a bebida cozinhe por horas, sempre restará um pouco de álcool.

....

Para flambar, a bebida alcoólica precisa estar morna; bebidas geladas não pegam fogo. Como geralmente a bebida é adicionada a uma panela ou frigideira com comida quente, você não precisa aquecê-la primeiro, simplesmente derrame-a sobre o alimento a ser flambado. Mas tenha cuidado ao acender, já que a fumaça que se desprende do alimento também pode pegar fogo. Use um palito de fósforo longo como medida extra de segurança. O fogo deve se extinguir em menos de 30 segundos. Caso isso não aconteça, apague-o tampando a panela.

....

Licores são bebidas com alto teor alcoólico e geralmente com muito açúcar, com sabores como ervas, especiarias, frutas e castanhas. Se desejar, substitua o licor por uma quantidade igual de xarope com sabor. Por exemplo, você pode usar xarope de amêndoas em vez do licor Amaretto, ou xarope de café no lugar do licor Kahlúa.

Berinjela

Época: praticamente o ano todo

A polpa da berinjela, principalmente a da roxa, que é a mais comum, possui uma estrutura diferente que faz com que ela se comporte como uma esponja durante a fritura. Salgar fatias de berinjela antes de fritá-las destrói a estrutura celular de esponja, reduzindo sua capacidade de absorver óleo. Antigamente, os cozinheiros costumavam salgar a berinjela para retirar os sucos amargos, mas as variedades atuais são bem menos amargas. É preciso salgar a berinjela quando for fritá-la ou refogá-la em óleo. (Receitas de estilo asiático geralmente pedem berinjelas pálidas. Essas variedades possuem a polpa menos absorvente e não precisam ser salgadas antes de fritar.)

....

Para salgar a berinjela, use um descascador de legumes para remover cerca de metade da casca em faixas, no sentido do comprimento (algumas receitas exigem que a berinjela toda seja descascada). Fatie ou pique-a de acordo com a receita e coloque os pedaços em um escorredor grande. Polvilhe com uma quantidade generosa de sal, usando cerca de 1 colher (sopa) para cada 500 g de berinjela. Cubra com um prato ou uma tampa de panela não reativa (alumínio ou ferro fundido vão descolorir a berinjela) que se encaixe dentro do escorredor, para fazer um leve peso sobre a berinjela. Coloque o escorredor na pia e deixe descansar por 1 hora. Enxágue bem em água fria para remover o sal. Pegando um punhado de cada vez, esprema a berinjela para remover o excesso de água. Seque-a com papel-toalha e estará pronta para uso.

Beterraba

Época: praticamente o ano todo

Beterrabas assadas são ótimas para saladas. Envoltas em papel-alumínio e armazenadas na geladeira, duram cerca de 1 semana. Como as beterrabas demoram um pouco para assar, é uma boa ideia levá-las ao forno enquanto você prepara algum outro prato assado.

....

Para assar beterrabas, compre as de tamanho médio, menores que uma laranja, já que as maiores demoram muito para ficar prontas. Se ainda estiverem com o talo, corte-o, deixando apenas 2,5 cm. Escove-as sob água corrente fria, mas não descasque. Embale beterrabas mais ou menos do mesmo tamanho em papel-alumínio e coloque-as em uma assadeira. Asse em forno preaquecido a 200º C por 1 hora, ou até ficarem macias (espete-as com uma faca fina para saber se estão cozidas). Beterrabas maiores obviamente levarão mais tempo.

....

Se for assar as beterrabas com outro alimento que esteja no forno em temperatura menor que 200° C, não se preocupe. Asse-as na temperatura mais baixa. Quando retirar o outro prato do forno, aumente a temperatura para 200° C e deixe-as assar até ficarem macias. Desembale as beterrabas e deixe-as esfriar por alguns minutos, até ficarem mais fáceis de manusear. Descasque enquanto ainda estiverem mornas.

....

Manchas de beterraba na pele podem ser difíceis de remover. A melhor forma de evitá-las é usar luvas de borracha ao descascá-las. Mas, se suas mãos ficarem manchadas, esfregue-as com uma mistura de limão e sal e depois lave-as com água e sabão. Para deixar sua bancada de trabalho limpa e sem manchas, cubra-a com um pedaço de papel-alumínio.

Beurre manié

Beurre manié é a maneira clássica de engrossar o caldo de pratos, como ensopados e ragus, que acabaram ficando mais ralos que o desejado. Termo francês para "manteiga sovada", essa pasta, preparada com partes iguais de manteiga amolecida e farinha de trigo, costuma ser usada no lugar do amido de milho ou de outros espessantes que não agregam sabor e que podem deixar o líquido com consistência gelatinosa.

....

Para usar o beurre manié, faça uma estimativa da quantidade de líquido que precisa ser engrossada e use 1 colher (sopa) de manteiga e 1 colher (sopa) de farinha de trigo para cada xícara do líquido. Coloque a manteiga e a farinha em uma tigela média e amasse-as com uma espátula de borracha até formarem uma pasta grossa. Vá adicionando aos poucos cerca de metade do líquido do cozimento, batendo tudo até que a mistura fique homogênea. Adicione a mistura ao líquido que restou na panela e ferva em fogo médio. Abaixe o fogo e cozinhe por 5 minutos, mexendo de vez em quando para que a mistura não fique com gosto de farinha de trigo crua.

Bicarbonato de sódio

Ver **Fermentos químicos**

Bifes

Ao comprar bifes, a classificação da carne é ainda mais importante que em outros cortes, já que a gordura intramuscular vai interferir na suculência. A carne especial, quando conseguir encontrá-la, é a melhor, mas a carne de primeira vendida em supermercados e açougues também é muito boa. A carne de segunda é muito dura para filés e vai ficar seca depois de cozida, então evite comprá-la, mesmo que o preço esteja atraente.

Cortes de bife

Eis algumas descrições dos cortes de bife mais comuns:

....

Filé mignon. Esse filé, sem osso, possui sabor suave e fica melhor quando servido com molho. Bifes altos de filé mignon são chamados de medalhões.

....

Fraldinha, ponta de agulha, maminha. Cortados de diversas partes da barriga bovina, esss bifes são mais duros (e mais gordurosos), mas muito saborosos. Cozinhe-os até o ponto menos, corte-os no sentido oposto às fibras e ficarão macios e suculentos.

....

Filé de alcatra. Adicione umidade a esse corte magro com uma marinada e fatie-o no sentido oposto às fibras para servir, caso contrário ele ficará elástico.

....

Bife ancho. Graças à gordura presente no centro desse filé, ele fica muito suculento. É vendido com ou sem osso. Também chamado de noix ou entrecôte.

....

Aba de filé. Nos Estados Unidos, esse filé saboroso pode ser chamado de Nova York, Kansas City ou Delmonico. É vendido com ou sem osso.

....

Contrafilé. Uma carne magra, com textura levemente granulada, esse corte apresenta ótimo custo-benefício e também pode ser cortado em tiras e refogado.

....

T-bone. Aba de filé junto com filé mignon, com um osso em formato de T no meio. Quando é cortado com espessura extragrossa, para servir duas ou mais pessoas, é chamado de filé porterhouse.

....

Os bifes são relativamente finos, o que torna difícil verificar se estão no ponto usando um termômetro. (Se você precisar usar esse dispositivo, eis uma dica: insira a haste pela lateral da carne, certificando-se de que a ponta chegue até o centro da carne e não toque o osso.) Não é recomendável cortar o filé para checar o ponto, porque com isso ele perde sucos preciosos. Aprenda a fazer o teste do toque para determinar se ele está pronto: à medida que cozinha, o bife perde umidade e fica mais firme. Pressione levemente a ponta do dedo contra a superfície da carne, na parte mais grossa. Um filé malpassado vai estar relativamente macio. Se a carne estiver um pouco firme, estará ao ponto menos. Se estiver firme, com alguma resistência, estará ao ponto. O bife bem passado vai estar firme, e o local que for pressionado imediatamente voltará à posição inicial.

Ver também **Carne bovina**

B

Bife de acém é duro demais para ser grelhado e fica melhor quando cozido por métodos que incluam calor úmido, como refogado.

Filés de fraldinha com molho béarnaise à base de vinho tinto

RENDE 4 PORÇÕES

O filé de fraldinha é um dos cortes mais saborosos e pode ser rapidamente frito numa frigideira. O fácil e sofisticado molho béarnaise – feito no liquidificador – dá um toque de classe ao filé. Ao fritar a carne, certifique-se de ligar o exaustor para evitar fumaça na cozinha.

4 bifes de fraldinha (200 g cada)

1½ colher (chá) de sal

½ colher (chá) de pimenta-do-reino moída na hora

MOLHO BÉARNAISE COM VINHO TINTO

¼ xícara (chá) de vinho tinto, como o Carbernet-Shiraz

¼ xícara (chá) de vinagre de vinho tinto

3 colheres (sopa) de chalotas bem picadas

1 colher (sopa) de estragão fresco picado

¼ colher (chá) de pimenta-do-reino moída grosseiramente

3 gemas de ovos grandes

1½ xícara (chá) (300 g) de manteiga sem sal cortada em pedaços

Sal

1 Retire alguns pedaços de gordura dos filés e reserve. Misture o sal e a pimenta-do-reino e tempere os filés. Deixe-os em temperatura ambiente enquanto você prepara o molho.

2 Para fazer o molho béarnaise, misture o vinho, o vinagre, as chalotas, o estragão e a pimenta-do-reino em uma panela pequena. Deixe ferver em fogo alto até que o líquido esteja reduzido a cerca de 2 colheres (sopa). Usando uma peneira fina, coe o líquido sobre uma tigela pequena, pressionando os sólidos para extrair o máximo possível de sabor. Reserve os sólidos da peneira.

3 Coloque as gemas e a mistura de vinho coado no liquidificador. Em uma panela pequena, ferva a manteiga em fogo médio. Coloque a manteiga quente numa xícara medidora de vidro refratário. Remova a espuma da superfície. Com o liquidificador ligado, adicione-a ainda quente lentamente pelo orifício da tampa, deixando os sólidos do leite na xícara. Deve demorar cerca de 1 minuto para que a manteiga seja adicionada. Destampe o liquidificador, adicione os sólidos reservados na peneira, tampe novamente e apenas pulse até misturar. Tempere com sal. Transfira para uma panela em banho-maria e deixe aquecendo por até 30 minutos. (Ou transfira o molho para uma garrafa térmica de boca larga, que o manterá quente por até 2 horas.)

4 Aqueça uma frigideira grande de ferro fundido em fogo médio-alto até ficar bem quente. Adicione a gordura reservada dos filés e use uma pinça para deixar uma fina camada de gordura em todo o fundo da frigideira. Retire a gordura e descarte-a. Adicione os filés e cozinhe-os, virando uma vez, durante 5 minutos no total, para que fiquem ao ponto menos, ou até que estejam dourados de ambos os lados e pareçam firmes quando pressionados no centro.

5 Transfira cada filé para um prato. Coloque o molho em uma tigela para servir. Sirva-os quentes e, já à mesa, espalhe o molho sobre eles.

Dicas para filés de fraldinha com molho béarnaise

- Uma frigideira de ferro fundido cria uma bela crosta nos bifes.

- Unte a frigideira com um pouco da gordura da carne.

- Use uma panela não reativa para cozinhar os ingredientes ácidos para o molho.

- Mantenha o molho béarnaise aquecido em banho-maria ou numa garrafa térmica de boca larga.

Biscoitos

A textura folhada de alguns biscoitos se deve à gordura incorporada à farinha de trigo durante o preparo. A manteiga lhes confere um sabor excepcional, então prefira manteiga a gordura vegetal hidrogenada. Certifique-se de que a manteiga esteja bem gelada – recém-saída da geladeira – quando for misturá-la à farinha.

....

Use um misturador de massa (ou *pastry blender*) para incorporar a manteiga à farinha, ou use a tecla pulsar do processador. A mistura deve ficar parecida com bolachas esmigalhadas, com pedacinhos de manteiga do tamanho de ervilhas. O calor do forno faz com que os pedaços maiores de manteiga liberem um vapor que separa as camadas de massa, deixando os biscoitos folhados. Se a manteiga amolecer enquanto você a incorpora à farinha, coloque a tigela no freezer por alguns minutos para firmar.

....

Para evitar a ativação do glúten da farinha de trigo, o que deixaria os biscoitos duros, sempre manuseie a massa delicadamente.

....

Ninguém gosta de biscoitos fininhos. Para que fiquem altos e imponentes, abra a massa com um rolo ou com as mãos, deixando-a com 2,5 cm de espessura antes de cortá-la.

....

Ao usar um cortador de biscoitos, você terá restos de massa que precisarão ser reunidos e abertos novamente. O resultado é que esses biscoitos não ficarão tão macios quanto os da primeira fornada. O melhor é abrir a massa formando um retângulo ou um quadrado e cortar os biscoitos retangulares ou quadrados, evitando assim que sobre massa. Ou você pode ainda abri-la em círculo e cortá-la em triângulos.

Ver também **Farinha, Manteiga**

Biscoitos de buttermilk

RENDE 8 BISCOITOS

É bem rápido preparar uma fornada desses biscoitos macios e fofinhos para servir no café da manhã, no almoço ou no jantar. Na verdade, a massa fica pronta tão rápido que você deve esperar o forno ser totalmente preaquecido antes de começar a prepará-la.

- 2 xícaras de farinha de trigo
- 1¾ colher (chá) de fermento em pó
- ½ colher (chá) de bicarbonato de sódio
- ¼ colher (chá) de sal
- ½ xícara (100 g) de manteiga sem sal, gelada, cortada em cubos pequenos
- ¾ xícara de buttermilk gelado (ver página 104)
- 1 ovo grande batido

1 Posicione a grade no meio do forno e preaqueça-o a 220° C. Forre uma assadeira com papel-manteiga ou com um tapetinho de silicone.

2 Em uma tigela, misture a farinha de trigo, o fermento em pó, o bicarbonato de sódio e o sal. Espalhe os cubos de manteiga por cima e misture com um garfo para cobri-los com a mistura de farinha. Usando um misturador de massa (ou *pastry blender*), incorpore a manteiga à farinha, removendo com uma faca os pedacinhos que grudarem nas hastes do misturador. Continue incorporando até que a mistura fique parecida com bolachas esmigalhadas, com pedacinhos de manteiga do tamanho de uma ervilha. Adicione o buttermilk e misture tudo com um garfo até que se forme uma massa. Não se preocupe caso sobre um pouco de farinha seca no fundo da tigela.

3 Coloque a massa sobre uma superfície levemente enfarinhada e sove-a gentilmente, só até formar uma bola. Abra-a com as mãos ou com um rolo, formando um círculo de 18 cm de diâmetro e 2,5 cm de espessura. Use uma faca afiada para cortá-la em 8 triângulos iguais. Transfira os triângulos para a assadeira preparada, deixando um espaço de 5 cm entre eles. Pincele-os com uma fina camada de ovo batido (você não usará o ovo todo).

4 Asse por cerca de 15 minutos, até que fiquem dourados e firmes. Transfira os biscoitos para uma grade e deixe-os esfriar por pelo menos 5 minutos. Sirva-os mornos ou em temperatura ambiente.

Dicas para biscoitos

- Certifique-se de que a manteiga esteja bem gelada.

- Incorpore a manteiga à mistura de farinha até que fique parecida com bolachas esmigalhadas e ervilhas. É importante deixar alguns pedaços de manteiga do tamanho de ervilhas na massa, para garantir que os biscoitos fiquem folhados.

- Para que eles fiquem macios, manipule a massa delicadamente.

- Abra a massa com um rolo ou com as mãos na espessura de 2,5 cm, para obter biscoitos altos.

- Para evitar sobras de massa que precisem ser abertas novamente, corte-a em triângulos, quadrados ou retângulos.

Bolo bundt

O bolo bundt é uma variação do Kugelhopf, da Europa Central, assado em uma forma canelada que dizem lembrar as dobras de um turbante turco. Em 1950, a pedido de um grupo de senhoras teuto-americanas, a Nordic Ware desenvolveu uma versão americana da forma. (*Bund* significa "grupo" em alemão, e de alguma forma um "t" foi adicionado no fim da palavra.) Com o passar dos anos, "bolo bundt" passou a designar qualquer bolo assado em forma decorativa, canelada ou não. Hoje existem formas no formato de castelos, ursinhos e muito mais.

....

Para evitar que bolos assados em formas bundt ou em outras formas decorativas grudem, unte-as com manteiga e depois passe farinha de rosca fina em vez de farinha de trigo. Como a farinha de rosca tem uma textura diferente da massa, ela cria uma barreira eficiente que evita que a massa grude. Esse truque é útil mesmo para formas antiaderentes.

....

Bolos bundt são mais altos que bolos comuns. Para saber se estão prontos, use um espeto de madeira longo, assim ele vai alcançar o centro do bolo. Um palito de dentes é muito curto.

Bolos

Ao bater a manteiga e o açúcar para preparar um bolo, use os olhos para determinar quando a mistura está com a cremosidade ideal. Ela deve estar bem pálida, quase branca, indicando que o ar foi incorporado à manteiga amarela. Bata a manteiga e o açúcar por 5 minutos em uma batedeira convencional, ou por cerca de 6 minutos em uma batedeira portátil. O atrito com as pás pode aquecer a mistura cremosa e estourar as bolhas de ar, então não bata demais. Se a mistura for batida em excesso, não há como repará-la.

....

Adicione os ovos à massa lentamente. Colocá-los rápido demais (mesmo que um de cada vez) pode fazer a massa talhar. Bata-os juntos numa tigela. Com a batedeira na velocidade média, adicione os ovos em porções de 1 colher (sopa) por vez, batendo sempre, até que a massa absorva a porção, antes de adicionar a próxima. (Uma gema de ovo equivale a 1 colher de sopa, então, se a receita pedir que as gemas sejam adicionadas uma por vez, ainda assim você estará adicionando a quantidade correta.) Se, apesar de tudo, a massa talhar, bata na velocidade mais alta por 10 segundos. Isso costuma consertar as coisas.

....

Muitas receitas de bolo à base de manteiga pedem que a farinha de trigo seja adicionada em três porções, alternando com o líquido (geralmente leite), em duas porções. Sempre comece com a farinha, que ajudará a formar a massa, para que ela possa absorver o líquido sem talhar.

....

Ao preparar uma forma para assar um bolo de chocolate, peneire partes iguais de cacau em pó e farinha de trigo para enfarinhar a forma untada. Sozinha, a farinha de trigo pode deixar resíduos brancos em bolos escuros.

....

Não unte e enfarinhe a forma para fazer pão de ló. A massa precisa grudar nas laterais da forma enquanto suas bolhas de ar se expandem no calor do forno, e uma superfície untada impedirá o crescimento. Em vez disso, forre o fundo da assadeira com papel-manteiga para que o bolo se solte facilmente.

....

Receitas de pão de ló costumam pedir que os ovos sejam batidos até triplicar de volume, uma descrição que pode ser difícil de compreender. Em vez disso, bata os ovos até que formem uma espuma pálida e resistente, com consistência parecida com a do chantili. Isso vai levar cerca de 6 minutos na batedeira convencional ou cerca de 10 minutos na batedeira portátil.

....

Se estiver fazendo um bolo em camadas, com a massa assada em duas formas, você terá que dividir a massa igualmente entre as assadeiras para que as camadas fiquem com a mesma espessura. Se tiver uma balança de cozinha, você pode pesar as assadeiras com a massa para garantir que estejam iguais. Ou use uma colher de sorvete grande para colocar a mesma quantidade em cada forma.

Ver também **Bolo bundt, Coberturas e recheios, Farinha, Manteiga, Ovo**

Se você não tiver uma boleira com tampa, guarde seu bolo sob uma panela funda virada de boca para baixo. Não fica tão atraente, mas funciona.

Bolo amarelo tradicional com glacê de chocolate

RENDE DE 8 A 12 PORÇÕES

Esse bolo amarelo clássico, de massa fofa e amanteigada e glacê de chocolate suave, é perfeito para festas de aniversário.

BOLO

1¾ xícara (chá) de farinha de trigo, e um pouco mais para a forma

¼ xícara (chá) de amido de milho

2 colheres (chá) de fermento em pó

¼ colher (chá) de sal

1 xícara mais 4 colheres (sopa) (250 g) de manteiga sem sal, em temperatura ambiente, e um pouco mais para untar a forma

1½ xícara (chá) de açúcar

6 ovos grandes separados, em temperatura ambiente

1½ colher (chá) de essência de baunilha

½ xícara (chá) de leite integral

Glacê de chocolate rápido (páginas 189-190)

1 Coloque a grade no centro do forno e preaqueça-o a 180° C. Unte levemente com manteiga duas formas redondas, de 23 cm de diâmetro e 4 cm de profundidade. Forre o fundo das formas com papel-manteiga. Polvilhe as laterais com farinha, removendo o excesso.

2 Para fazer o bolo, peneire juntos a farinha de trigo, o amido de milho, o fermento em pó e o sal.

3 Em uma tigela, usando uma batedeira portátil em velocidade alta, bata a manteiga e o açúcar por 6 minutos, ou até formar um creme claro e leve. (Ou use uma batedeira convencional e bata por 5 minutos.) Desligue o aparelho e raspe as laterais da tigela com uma espátula. Em velocidade média, adicione as gemas, uma de cada vez, batendo até incorporar antes de adicionar a próxima. Junte a baunilha. Na velocidade baixa, adicione a mistura de farinha de trigo em três porções, alternando com o leite em duas porções, começando e terminando com a farinha. Interrompa a batedeira para raspar as laterais da tigela quando necessário e bata somente até ficar homogêneo.

4 Em uma tigela limpa, usando pás limpas, bata as claras em velocidade alta até que formem picos moles. Com uma espátula, misture ¼ das claras à massa, para deixá-la mais leve, depois misture o restante até que sejam totalmente incorporadas. Com uma colher de sorvete, divida a massa igualmente entre as formas preparadas e alise a superfície.

5 Leve ao forno por cerca de 25 minutos, ou até o ponto em que os bolos voltem a ficar lisos quando pressionados no meio. Ainda nas formas, deixe-os esfriar completamente sobre uma grade. Passe uma faca ou espátula de metal flexível nas laterais do bolo para soltá-las, depois vire-os sobre a grade. Remova o papel-manteiga.

6 Passe uma pequena quantidade de glacê no meio de uma travessa para bolo. Coloque um dos bolos por cima, de cabeça para baixo. Insira 3 ou 4 faixas de papel-manteiga sob as beiradas do bolo para que o glacê não suje a travessa. Coloque a travessa em um pedestal próprio para decorar ou em uma tigela virada de boca para baixo. Com uma espátula, espalhe ½ xícara de glacê sobre o bolo, de maneira uniforme e até as beiradas. Cubra com o segundo bolo. Espalhe uma fina camada de glacê por cima e nas laterais do bolo, para selá-lo. Deixe na geladeira até firmar, cerca de 15 minutos. Depois espalhe o restante do glacê sobre a superfície e as laterais do bolo. Leve novamente à geladeira por mais 15 minutos.

7 Retire as faixas de papel-manteiga antes de servir. O bolo pode ser preparado com 1 dia de antecedência, coberto com filme plástico e mantido na geladeira. Antes de servir, deixe-o em temperatura ambiente por 2 horas.

Dicas para o bolo amarelo tradicional

- Unte o fundo da forma para que o papel--manteiga grude, mas não unte nem enfarinhe o papel.

- Bata bem a manteiga e o açúcar para incorporar as bolhas de ar, essenciais para uma textura uniforme.

- Adicione os ovos (ou, nesse caso, as gemas) lentamente e em temperatura ambiente, para evitar que a massa talhe.

- Use uma colher de sorvete para dividir igualmente a massa entre as formas.

- Deixe os bolos esfriarem completamente antes de desenformá-los.

- Coloque o bolo no alto para ficar mais fácil de espalhar o glacê.

- Evite que o glacê suje a travessa colocando faixas de papel--manteiga sob as bordas do bolo.

- Para fazer um glacê fácil, use uma mistura de creme de marshmallow e manteiga.

- Bolos à base de manteiga ficam duros quando refrigerados, então, antes de servir, deixe-os em temperatura ambiente por 2 horas.

Branquear

Originalmente, "branquear" significava preparar alimentos pálidos que oxidam com facilidade (como aspargo branco) de uma forma que os mantivesse brancos (cozinhando-os em água com suco de limão ou farinha de trigo). Hoje, o termo possui mais definições culinárias, mas todas envolvem adicionar alimentos à água ou ao óleo fervente para ser usados posteriormente. Por exemplo: ossos podem ser branqueados em água fervente para a remoção de gordura e impurezas que possam interferir no preparo de um caldo claro. Os motivos mais comuns que levam os cozinheiros a lançar mão do branqueamento são: cozinhar parcialmente legumes em água fervente para ser finalizados depois, ou soltar a pele de tomates e pêssegos.

....

Para branquear legumes, corte o legume de sua preferência em pedaços pequenos (aspargos, cenouras e vagens ficam ótimos com esse procedimento). Em uma panela grande, ferva água levemente salgada em fogo alto. Adicione os legumes e deixe-os cozinhar sem tampar, até ficarem levemente macios e com a cor um tom mais vibrante – cerca de 3 minutos, dependendo do legume e do modo como foi cortado. Escorra-os e enxágue bem com água fria para interromper o cozimento. Transfira-os para uma tigela grande cheia de água gelada para resfriar. (Alguns livros de receitas pedem para mergulhar os legumes escorridos em uma tigela de água com gelo, mas água gelada é suficiente. Assim você não terá que remexer o escorredor em busca de pedaços de gelo parcialmente derretidos.) Escorra os legumes mais uma vez, depois seque-os bem com papel-toalha.

....

Guarde os legumes branqueados e secos em um saco plástico, forrado com mais papel-toalha para absorver qualquer umidade que tenha permanecido. Termine de cozinhá-los – geralmente com um simples refogado em azeite ou manteiga até aquecer tudo – dentro de 24 horas, ou os legumes perderão a textura.

Brownies

Para remover facilmente os brownies da assadeira, forre o fundo e duas laterais (as mais curtas, se a assadeira for retangular) com papel-alumínio ou papel-manteiga, deixando um excesso de papel pendurado para fora. Quando o brownie estiver frio, levante as duas pontas do papel para removê-lo por inteiro, depois corte como desejar.

....

Não asse demais os brownies. Para checar se estão prontos, insira um palito ou espeto de madeira, que deve sair com algumas migalhas úmidas.

....

Para brownies mais úmidos, substitua 2 colheres (sopa) do açúcar da receita pela mesma quantidade de açúcar mascavo claro. E qualquer receita ficará com uma textura mais úmida se, depois de esfriar, os brownies forem deixados cobertos na geladeira de um dia para o outro.

....

Para preparar brownies mais fofinhos, bata a manteiga amolecida (não derretida) com o açúcar até formar um creme claro e leve. Sem parar de bater, adicione os ovos e depois o chocolate derretido frio.

....

Se quiser adicionar chocolate meio amargo aos brownies, você pode usar gotas ou pedaços de chocolate comprados prontos, ou pode picar sua barra de chocolate amargo ou meio amargo favorita. No entanto, se quiser usar chocolate ao leite ou branco, que são mais macios, use gotas industrializadas. Elas têm uma quantidade maior do estabilizante lecitina, que evita que derretam rápido demais ao assar.

> Para fazer uma cobertura fácil para brownies, espalhe uma camada de gotas de chocolate por cima do bolo morno (antes de cortá-lo), espere amolecer, espalhe com uma espátula e deixe esfriar completamente.

Brownies clássicos

RENDE 16 BROWNIES (DE 5 CM CADA)

Não há nada como brownies feitos em casa. Além de agradar a todo mundo, também são muito fáceis de fazer. Você só precisa de uma tigela e de alguns minutos.

Óleo vegetal sem sabor para untar a forma
½ xícara (100 g) de manteiga sem sal cortada em pedacinhos
100 g de chocolate meio amargo bem picado
50 g de chocolate amargo (com até 70% de cacau) bem picado
1 xícara (chá) de açúcar
2 ovos grandes, em temperatura ambiente
1½ colher (chá) de essência de baunilha
½ xícara (chá) de farinha de trigo
1 pltada de sal
½ xícara (chá) de gotas ou pedaços de chocolate (opcional)
½ xícara (chá) de nozes tostadas e picadas (opcional)

1 Coloque a grade no meio do forno e preaqueça-o a 180º C. Forre o fundo de uma assadeira quadrada de 20 cm com papel-alumínio ou papel-manteiga, cobrindo também 2 laterais e deixando uma sobra de 5 cm de papel de cada lado. Unte levemente com óleo o papel e as laterais expostas da forma.

2 Coloque o equivalente a 5 cm de água em uma panela para banho-maria e deixe ferver. Desligue o fogo.

Coloque a manteiga, o chocolate meio amargo e o chocolate amargo em uma tigela refratária na panela com água fervente. Com uma espátula de silicone, mexa de vez em quando até a mistura derreter e ficar lisa.

3 Retire a mistura do banho-maria, adicione o açúcar e mexa. Junte um ovo de cada vez, mexendo bem com um batedor após cada adição. Adicione a baunilha, a farinha de trigo e o sal e continue mexendo até que a mistura fique lisa e brilhante. Coloque as gotas de chocolate e as nozes picadas e misture.

4 Coloque a massa na assadeira preparada e espalhe uniformemente. Leve ao forno por 35 a 40 minutos, até que, ao inserir um palito ou espeto de madeira, ele saia limpo, com algumas migalhas úmidas (não asse demais). Transfira a assadeira para uma grade e deixe esfriar completamente.

5 Para remover o brownie frio da forma, primeiro passe uma faca ou espátula de metal nas laterais. Depois, segure as pontas de papel e puxe-as delicadamente para cima. Coloque o brownie inteiro sobre uma superfície limpa e corte-o em 16 pedaços iguais. Como esses brownies são úmidos, molhe um pano de prato em água quente, torça-o e deixe-o por perto para limpar a faca enquanto corta. Embale os pedaços com filme plástico para conservá-los frescos. Em temperatura ambiente e embalados em plástico ou armazenados em um recipiente hermético, os brownies podem ser guardados por até 3 dias e, na geladeira, por até 5 dias.

Dicas para brownies clássicos

- Para remover o brownie com facilidade, forre o fundo e duas laterais da assadeira com papel-alumínio ou papel-manteiga, deixando duas "alças".

- A combinação de dois tipos de chocolate resulta em um sabor mais marcante.

- Sal e baunilha realçam o sabor do chocolate; veja **Chocolate** (página 126) para entender as porcentagens de cacau.

- Não asse os brownies por muito tempo. Enfie um palito ou espeto de madeira no bolo e veja se ele sai com algumas migalhas úmidas. Esse é o ponto.

- Todos os brownies feitos com manteiga e chocolate derretidos são densos e úmidos. Brownies com manteiga batida são mais fofinhos.

- Tostar as nozes realça seu sabor, deixando qualquer receita mais gostosa.

Buttermilk

Os ácidos no buttermilk ajudam a deixar as massas mais macias, por isso muitas receitas pedem esse ingrediente. Se você não o tiver pronto, esta é uma substituição fácil para 1 xícara (chá) de buttermilk: com um batedor, misture ¾ xícara (chá) de iogurte natural desnatado e ¼ xícara (chá) de leite desnatado. O buttermilk mais comum é desnatado, então é melhor usar iogurte e leite desnatados para obter um resultado semelhante.

Outra opção é misturar 1 colher (chá) de vinagre de vinho branco ou de maçã, ou a mesma quantidade de suco de limão, ou 1¼ colher (chá) de cremor tártaro a 1 xícara (chá) de leite desnatado. Deixe a mistura descansar em temperatura ambiente por alguns minutos, para talhar e engrossar antes de usar. No entanto, o substituto à base de iogurte é melhor, porque possui uma consistência mais parecida com a do buttermilk.

Caçarola
Cacau em pó
Café
Caldos
Camarão
Caqui
Carne bovina
Carne vermelha
Carneiro
Carnes assadas, dicas divinas para
Cataplana
Cazuela
Cebola
Cebolinha
Cereja
Cesto de bambu
Chá
Chantili
Cheesecake
Chocolate
Churrasco, dicas divinas para
Coador chinês
Coberturas e recheios
Cogumelos
Conversão de medidas
Cookies
Cozidos e ensopados, dicas divinas para
Creme de leite
Crème fraîche
Cutelo

Caçarola

Ao preparar pratos que exigem cozimento longo e uniforme, a maioria dos cozinheiros usa a caçarola. O ferro fundido é um material muito utilizado nessa clássica panela com tampa, mas uma caçarola de ferro fundido esmaltado é ainda mais versátil, porque não solta resíduos nos alimentos. (Em contrapartida, o ferro fundido sem acabamento é ideal para aquecer óleo, pois retém bem o calor.) Uma caçarola de alumínio revestida de inox também é uma excelente opção.

....

As caçarolas devem ser pesadas para distribuir melhor o calor e evitar que os cozidos queimem. A tampa representa até um terço do peso total da maioria das caçarolas. Assim, diminua a carga removendo a tampa antes de levantar a panela.

Cacau em pó

O cacau em pó é feito de pedaços de grãos de cacau descascados, assados e fermentados. Os grãos são moídos até formar uma pasta (ou massa de cacau) e depois espremidos para extrair o máximo possível de manteiga de cacau. Os sólidos de cacau que sobram, parcialmente desengordurados, são transformados em pó. Tipicamente, os melhores cacaus em pó contêm de 20% a 22% de manteiga de cacau.

....

O **cacau em pó natural**, também conhecido como não alcalino (e geralmente rotulado apenas como "cacau em pó"), é o normalmente usado para fazer bolos de chocolate e brownies. Ele é bem ácido, então as receitas que o levam costumam ser fermentadas com bicarbonato de sódio, alcalino, que neutraliza o cacau.

....

O **cacau em pó obtido pelo processo holandês** é tratado com substâncias alcalinas para reduzir sua acidez, por isso também é chamado de alcalinizado. (O procedimento foi inventado por um fabricante de chocolate holandês no fim da década de 1820, e o nome pegou.) O cacau em pó europeu é quase sempre alcalinizado. Para saber que produto você está comprando, verifique o rótulo. Receitas que pedem o cacau obtido pelo processo holandês geralmente usam fermento em pó, porque não há necessidade de neutralizar a acidez. Se sua receita (de biscoito, massa de torta, chocolate quente) não incluir fermento, você pode usar tanto o cacau em pó natural quanto o alcalinizado. Esse último deixará o preparado com uma coloração mais escura.

Café

O café deve ser armazenado em recipiente hermético, em temperatura ambiente fresca. Nunca guarde-o na geladeira, já que a umidade pode estragá-lo. Congele-o apenas se não puder acabar com o conteúdo da embalagem em menos de 2 semanas.

....

Para obter o melhor sabor, compre os grãos e moa-os em casa. Os óleos saborosos dos grãos de café se dissipam em contato com o ar, então moa apenas a quantidade necessária para uso imediato. Diferentes cafeteiras exigem moagens específicas. Para coar o café no filtro, moa os grãos na consistência de açúcar comum. Para preparar um expresso, moa quase até virar pó. Se você tiver uma cafeteira francesa, moa os grãos grosseiramente, como farelo de pão seco.

....

Se você gosta de cappuccino, mas não tem um vaporizador de leite, use o liquidificador para fazer a espuma. Ferva cerca de ½ xícara de leite integral em uma panela pequena ou uma jarra de vidro no micro-ondas.

Transfira-o para o liquidificador e bata em velocidade alta até o leite espumar. Remova a espuma da superfície e coloque-a sobre o café quente.

Caldos

Caldos caseiros são feitos principalmente com ossos e usados como ingrediente em receitas. Você nunca deve adicionar sal ao caldo, apenas ao prato que o inclui.

....

Os ossos usados para preparar caldos devem conter um pouco de carne. Os ossos fornecem a gelatina que dá ao caldo sua textura sedosa, mas a carne é responsável pelo sabor mais intenso. Para preparar caldo de galinha, as asas e o dorso do frango possuem boa proporção de carne e osso. Alguns açougues vendem ossos para sopa que contêm mais carne que os demais. Caso seus ossos de carne bovina ou vitela estejam limpos demais, adicione ao caldo um corte de carne com ossos, como perna ou rabo.

....

Arrumar espaço no fogão para cozinhar um caldo por horas pode ser complicado. Com uma chapa elétrica, você pode até transferir esse cozimento para outro lugar da casa, ou mesmo para uma varanda fechada. Isso é especialmente útil quando fazemos um caldo de carne que precisa cozinhar por 8 horas ou mais. Apenas certifique-se de que a panela esteja longe do alcance de crianças e animais domésticos.

....

A melhor maneira de remover a gordura de um caldo é deixá-lo esfriar na geladeira até que a gordura suba para a superfície e endureça, assim você pode simplesmente removê-la. Mas, se não tiver espaço na geladeira, eis uma alternativa fácil. Deixe o caldo esfriar um pouco, até ficar morno (você pode colocar a panela na pia cheia de água fria para acelerar o processo). Coloque um saco plástico com capacidade para 4 litros em uma tigela grande na pia. Transfira no máximo 2 litros do caldo para o saco e deixe descansar por 5 minutos, para que a gordura suba para a superfície. Lacre-o e, segurando-o sobre a tigela, use uma tesoura para fazer um orifício em uma das pontas inferiores. (Não corte fora o canto do saco, porque a ponta pode acabar se misturando ao caldo, e você teria de coá-lo de novo.) Deixe o caldo escorrer na tigela até que a camada de gordura esteja no fundo do saco. Repita o processo até que todo o caldo acabe. Se desejar, reserve a embalagem plástica para utilizar outra vez para o mesmo fim.

Camarão

A melhor maneira de evitar que camarões grelhados fiquem girando nos espetos é usar espetos chatos. Se você tiver apenas espetos de madeira roliços, o camarão precisará de suporte extra. Então, dobre o camarão em formato de C, seguindo sua forma natural. Coloque dois espetos lado a lado, deixando cerca de 1 cm entre eles, e enfie ambos no camarão, de baixo para cima. Repita o processo até colocar todos nos espetos.

....

Se estiver descascando camarões, guarde as cascas para preparar um caldo rápido de frutos do mar. Misture as cascas com caldo de galinha ou de mariscos e adicione 1 fatia de cebola e 1 pitada de tomilho seco, se quiser, ou mesmo um pouquinho de vinho branco seco, se estiver de acordo com o modo como você vai utilizar o caldo. Ferva em fogo baixo por cerca de 20 minutos. Como as cascas são finas, seu sabor é rapidamente transferido para o líquido. Coe bem antes de usar.

Caqui
Época: de março a junho

Você encontrará vários tipos de caqui no mercado, e eles são visivelmente diferentes. Os caquis coração-de-boi são grandes e têm formato de coração. Essas frutas, quando ainda não estão maduras, são taninosas e precisam amadurecer em temperatura ambiente até ficarem translúcidas e macias antes de ser usadas. Essa é a variedade que deve ser usada quando uma receita pedir purê de caqui. Os caquis fuyu são achatados e continuam firmes mesmo quando maduros. Podem ser fatiados e degustados ou usados na salada.

....

É complicado tentar saber quando caquis coração-de--boi vão amadurecer. Você pode acelerar o processo armazenando-os em sacos de papel com maçãs, mas, mesmo assim, talvez não estejam bons quando você precisar. A boa notícia é que o purê de caqui pode ser congelado. Planeje com antecedência, compre a fruta quando for conveniente e deixe-a amadurecer sozinha. Remova o cálice verde do topo de cada caqui, corte-o tirando as sementes grandes e em seguida bata os pedaços da fruta, com pele e tudo, no liquidificador ou no processador. Congele o purê num recipiente hermético por até 3 meses.

Carne bovina

A carne bovina é classificada por meio de vários critérios, relacionados à quantidade de gordura intramuscular (marmorização). Quando derrete durante o cozimento, a gordura contribui para a maciez e o sabor da carne. Existem três classificações de carne bovina: especial, de primeira e de segunda. A maioria das carnes embaladas traz um rótulo com a classificação, ou você pode perguntar diretamente ao açougueiro.

....

A **carne especial** possui oferta limitada e representa apenas 2% da carne bovina classificada. A maioria das carnes especiais é vendida diretamente a restaurantes, e apenas uma quantidade limitada é comercializada por açougues e supermercados refinados. As carnes especiais são uma escolha que vale a pena para uma ocasião especial.

....

A **carne de primeira** é o tipo vendido na maioria dos supermercados. Ela possui marmorização moderada e preço razoável.

....

A **carne de segunda** conta com marmorização mínima, o que significa que, quando pronta, vai ficar menos macia e suculenta que os outros dois tipos.

Cortes de carne bovina

Eis alguns cortes bons para assados, partindo do maior para o menor (veja **Hambúrguer** (página 192) e **Bifes** (página 78) para recomendações e descrições desses cortes):

....

Acém. Para ensopados, cozidos, sopas, carne de panela e outros pratos nos quais a carne deve ser cozida em líquido, o acém (a área musculosa do ombro) é a melhor opção. Inicialmente é duro, mas rico em colágeno, um tecido que derrete durante o cozimento e umedece a carne durante o processo. Ao preparar um ensopado, você vai economizar se comprar uma peça de acém e cortá-la em cubos em casa.

....

Lagarto. Esse corte é barato, mas, para evitar que a carne resseque, deixe-a cozinhar no máximo até ao ponto menos e corte-a em fatias finas.

....

Costela. Tente comprar a costela ainda com os ossos, e cada uma delas vai render duas porções. Peça a parte que fica na região menor da peça, pois tem menos gordura e mais carne.

....

Coxão duro. É outro corte duro que se torna macio quando cozido em líquido. Mas ele tem pouca gordura, e o resultado final não será tão suculento quanto o acém.

....

Contrafilé. Outro corte popular para bifes que pode ser vendido em peça.

....

Filé mignon. Muito macio, mas não tão saboroso quanto outros cortes. Assim, certifique-se de deixá-lo marinando ou tempere-o bem.

....

Alcatra. Esse corte fica excelente como carne assada ou bife.

....

Maminha. Esse corte na verdade mais parece um filé bem grande que uma peça para assar, e geralmente é marinado e grelhado. Corte-o no sentido contrário ao das fibras.

Ver também **Bifes, Hambúrguer**

Carne vermelha

Não há necessidade de adicionar óleo à frigideira quando fritar filés ou bistecas. Corte um pedaço da gordura da própria carne e, enquanto a frigideira aquece, esfregue essa gordura com uma pinça no fundo da panela, criando uma fina camada oleosa para evitar que a carne grude.

....

Para matar bactérias prejudiciais à saúde, os órgãos governamentais recomendam cozinhar a carne em alta temperatura. No entanto, muitos cozinheiros estão acostumados com as temperaturas tradicionais de cada ponto da carne. A tabela a seguir fornece ambos, assim você pode optar por qual preferir.

Ver também **Carne bovina, Carneiro, Porco, Vitela**

Temperaturas para cada ponto da carne

Ponto da carne	Tradicional	Recomendada
Malpassada	49° a 52° C	não se aplica
Ao ponto menos	52° a 57° C	63° C
Ao ponto	57° a 63° C	71° C
Ao ponto mais	63° a 68° C	não se aplica
Bem passada	acima de 68° C	77° C

Carneiro

Poucos produtores classificam a carne de carneiro, mas você pode encontrar partes nobres em bons açougues e partes mais em conta nos supermercados. A carne de carneiro de pastagem é mais saborosa que a de animais criados com ração.

....

Remova o máximo possível da gordura superficial do carneiro antes de cozinhá-lo. A gordura tem um sabor forte que muita gente não gosta. Não tire a fina membrana que cerca a carne, pois ela ajuda a manter o formato da peça.

....

O pernil de carneiro desossado é um dos pratos favoritos dos chefs. Mas, como sua espessura pode variar, você terá pedaços malpassados e bem passados no mesmo pernil. Para que isso não aconteça, corte-o em três pedaços – é fácil visualizar as divisões –, que renderão uma porção pequena, uma média e uma grande. Depois, grelhe cada porção separadamente até o ponto desejado.

Dicas divinas para carnes assadas

Assar é cozinhar alimentos em calor seco moderadamente alto para lhes conferir um sabor mais pronunciado. Muitas pessoas usam o termo "caramelizado" para descrever a parte externa levemente doce e dourada de carnes e legumes assados. Existem açúcares naturais nos legumes, mas, no caso das carnes, de onde ele vem? Ao assar, as proteínas dos alimentos mudam, e sua nova composição lembra a constituição química da sacarose, assim carnes douradas têm sabor adocicado mesmo sem levar açúcar.

1 Preaqueça o forno por pelo menos 20 minutos. Uma técnica comum é colocar a carne para assar já em alta temperatura, para que o alimento comece a assar imediatamente. Como o calor intenso aumenta o encolhimento da carne, talvez seja melhor começar o processo em uma temperatura moderada (180° C). Verifique o progresso durante os últimos 15 minutos de forno, e, se a carne não estiver dourada o suficiente para o seu gosto, aumente o fogo para 220° C para dourar mais rápido.

2 Deixe a carne em temperatura ambiente antes de assar. Espere cerca de 1 hora para frangos ou outras aves inteiras e cerca de 2 horas para cortes grandes de carne vermelha.* Tempere-a durante esse tempo para que os condimentos possam penetrar na carne.

3 Asse a carne em uma assadeira com grelha. Se a carne ficar mergulhada em seu próprio suco, a umidade vai impedir que ela doure. Se não tiver uma assadeira com grelha, veja a dica sobre papel-alumínio (página 255). Alguns cortes de carne, como costela bovina e lombo de porco com osso, não precisam de grelha, porque os ossos não deixam a carne encostar no fundo da assadeira.

4 Sempre use um termômetro culinário para ver se a carne está assada. Certifique-se de que a ponta da haste atingiu o centro da carne. No caso das aves, o termômetro é inserido na parte mais grossa da coxa, porque essa é a área mais difícil de ser atingida pelo calor. Não deixe o termômetro tocar o osso, senão a leitura será distorcida, já que ele conduz calor de modo diferente da carne.

5 Deixe a carne descansar por pelo menos 10 minutos antes de fatiá-la. Isso permite que os sucos se redistribuam pelo assado. Assados com mais de 1,3 kg devem descansar por 20 minutos, e perus, de 20 a 45 minutos.

* O termo "carne vermelha" é utilizado aqui para se referir à carne de mamíferos mais comumente consumidos, como boi, porco, carneiro etc. (N. do E.)

Cataplana

A cataplana, uma panela tradicional de Portugal, parece uma enorme concha feita de cobre batido. (Cataplana refere-se não só à panela em si, mas ao ensopado picante preparado nela.) A tampa é presa à parte inferior por uma dobradiça, e os fechos laterais formam um lacre que mantém os sucos do cozimento dentro da panela. Use-a para preparar qualquer cozido, ensopado ou sopa no fogão. Tenha cuidado ao destampá-la, pois uma grande nuvem de vapor vai escapar, podendo causar queimaduras.

Cazuela

Essa travessa espanhola feita de barro – vitrificado por dentro e cru por fora – pode ser usada no fogão, como frigideira, ou no forno. Em ambos os casos, ela pode facilmente ir direto para a mesa. As cazuelas variam em tamanho, de 30 cm de diâmetro até um tamanho suficiente para servir um aperitivo. Ao preparar um assado em uma cazuela, sempre comece com o forno frio. Se quiser refogar, adicione uma fina camada de óleo à travessa e aqueça-a em fogo baixo antes de aumentar o fogo para médio. A cazuela é uma boa escolha para uma série de pratos, desde paella e ensopados de legumes até massas assadas.

Cebola

Época: o ano todo

O melhor antídoto contra o gás da cebola que provoca lágrimas é uma faca afiada. Cortar a cebola libera compostos sulfúricos no ar que irritam os olhos, mas, se os cortes forem retos e rápidos, esse efeito diminui. Outra dica: deixe a cebola na geladeira por algumas horas antes de cortá-la; o frio reduz a liberação do gás. Mas não as guarde na geladeira, pois a umidade vai estragá-las.

....

Cebola crua fatiada pode ficar forte demais para servir em saladas. Lave-a em água fria corrente para reduzir os compostos sulfúricos e seque-a antes de adicioná-la às verduras.

....

Sempre guarde as cebolas de maneira que elas não se toquem e que o ar circule livremente entre elas. Uma meia-calça velha é ótima para mantê-las separadas. Coloque uma cebola em uma das pernas da meia-calça, torça-a logo acima da cebola, adicione outra, torça e repita o processo até armazenar todas elas.

Cebolinha
Época: de fevereiro a abril e de setembro a dezembro

A cebolinha geralmente é picada para enfeitar pratos, mas sua parte verde é delicada e pode ser amassada e danificada no processo. Em vez de faca, use uma tesoura de cozinha para cortar os talos.

Cereja
Época: dezembro e janeiro

O descaroçador de cerejas – parecido com um furador manual, mas com uma concavidade para inserir a cereja – retira um a um os caroços da fruta. Se você não tiver um desse, empurre um canudo de plástico rígido pela parte de baixo da cereja para remover o caroço. Para que sua bancada não fique suja por causa da polpa da fruta, coloque as mãos e o descaroçador em um saco plástico grande. Os caroços e talos ficarão dentro do saco.

....

Se você costuma preparar muitas tortas de cereja, pense em comprar um descaroçador de cerejas profissional, que descaroça quilos da fruta em tempo recorde.

Cesto de bambu

O cesto de bambu trançado com tampa e fundo de treliça é usado para cozinhar a vapor pãezinhos, peixes e outros alimentos de estilo asiático. Você pode colocar a comida diretamente na superfície de bambu, mas é melhor colocar um prato no cesto para manter o bambu limpo e reter o suco dos alimentos. Ou você pode ainda forrá-lo com um círculo de papel-manteiga (deixando uma borda livre de 2,5 cm, para que o vapor circule) ou com folhas de alface ou repolho.

Se estiver usando mais de uma bandeja, você não precisa trocá-las de posição. O cesto ficará suficientemente quente para cozinhar os alimentos de maneira uniforme em até três bandejas.

Lave o cesto com uma escova macia e sabão neutro e enxágue bem. Deixe-o secar em temperatura ambiente antes de montá-lo novamente e guardá-lo. Não o armazene em saco plástico, pois o bambu pode embolorar.

Chá

Para fazer um "saquinho de chá" rápido, insira um filtro de papel para café em sua caneca de chá. Adicione as folhas que quiser e derrame água quente sobre elas. Espere um pouco e então retire o filtro para removê-las.

O chá gelado sempre será diluído com gelo, então, para compensar, faça-o bem forte. Ou, se tiver sobras de chá, congele-as em forminhas de gelo e use os cubos para manter seu chá gelado forte.

Com centenas (se não milhares) de chás disponíveis, do forte ao suave, faz sentido usar água em diferentes temperaturas para prepará-los. O chá preto é o mais forte, e deve ser preparado com água fervente. O chá oolong deve ser feito com água a 90° C (as bolhas na água formam fileiras verticais). O chá verde fica mais saboroso quando preparado com água a 70° C (as bolhas apenas começam a surgir na superfície da água).

Chantili

Para um melhor resultado, bata o creme de leite numa tigela resfriada. Coloque a tigela (e as pás) na geladeira ou no freezer até ficarem bem geladas, depois adicione o creme de leite e bata.

....

Chocolate branco dá um sabor ótimo ao chantili e também ajuda a estabilizar o creme de leite. A manteiga de cacau no chocolate fica firme quando refrigerada e retém as bolhas de ar no chantili por mais tempo que aquele batido sem o chocolate.

....

Derreta 115 g de chocolate branco picado com 2 colheres (sopa) de creme de leite fresco em banho-maria. Deixe esfriar até ficar morno, mas ainda fluido. Bata 1 xícara de creme de leite fresco em uma tigela resfriada até formar picos macios. Adicione a mistura fria de chocolate e creme de leite e bata até formar picos firmes. O rendimento deve ser de 2 xícaras. Coberto com filme plástico e refrigerado, o chantili com chocolate branco dura 2 dias.

....

Mascarpone também pode ser usado para dar sabor e estabilidade ao chantili. Adicione 2 colheres (sopa) para 1 xícara de creme de leite fresco, depois bata até ficar firme. O chantili estabilizado com mascarpone dura alguns dias na geladeira.

....

Recupere chantili batido em excesso (ele vai parecer talhado ou separado) adicionando 1 ou 2 colheres (sopa) a mais de creme de leite fresco, depois bata até que o chantili fique homogêneo novamente.

Cheesecake

Certifique-se de que o cream cheese esteja amolecido antes de usar. Coloque-o em um prato, corte-o em pedaços, cubra com filme plástico e deixe em temperatura ambiente por 2 horas. Não aqueça o cream cheese no micro-ondas, ou ele pode amolecer demais.

....

Bater demais o recheio pode fazer com que o cheesecake rache. Incorporar muito ar vai fazer com que os ovos virem suflê, ou seja, vão se expandir no forno e murchar enquanto esfriam. É melhor usar o processador em vez da batedeira para preparar o recheio, porque ele mistura os ingredientes sem incorporar muito ar. Se estiver usando a batedeira, bata bem os ovos antes de adicioná-los ao recheio, para que incorporem mais rapidamente, e bata tudo só até que sejam absorvidos.

....

Não asse demais seu cheesecake. As bordas devem estar firmes, e no centro deve haver um círculo de 5 a 7 cm de massa líquida. O cheesecake vai continuar cozinhando um pouco mais fora do forno, e o centro vai firmar à medida que esfriar.

....

O cheesecake também pode rachar devido à tensão que se cria durante o resfriamento. Se ele estiver preso às laterais da forma, o recheio não terá para onde ir quando se contrair, e a tensão pode fazer com que a superfície rache. Para liberar a tensão e reduzir as rachaduras, passe uma faca fina do lado de dentro da forma para soltar o cheesecake das laterais.

....

Algumas receitas dizem que o cheesecake deve esfriar dentro do forno desligado, com a porta entreaberta, o que o protegeria de correntes de ar e mudanças bruscas de temperatura, que podem provocar rachaduras. Mas não é necessário fazer isso. Apenas deixe a torta esfriar sobre uma grade em um local sem correntes de ar.

Chocolate

O rótulo dos chocolates costuma indicar a quantidade de cacau (grãos de cacau ou qualquer parte dos grãos, incluindo manteiga de cacau) em sua composição. Quanto maior a quantidade, menos açúcar o chocolate contém. Você também vai ver chocolates descritos como amargos ou meio amargos. As classificações variam de uma marca para outra: o chocolate amargo de um fabricante pode ser o meio amargo de outro.

·········

Os chocolates vendidos em supermercados geralmente têm de 55% a 60% de cacau. Chocolates com mais de 60% possuem o que é considerado alta porcentagem de cacau. Você pode apreciar seu sabor, mas, como contêm muito mais cacau que o chocolate tradicional, podem não ser ideais para a culinária. Alguns livros incluem a porcentagem de cacau desejada em suas receitas, o que é uma vantagem. A menos que a receita peça um chocolate com alta porcentagem de cacau, é melhor usar um com 55% a 60%.

·········

O **chocolate sem açúcar** é composto de 99% a 100% de cacau, sem adição de açúcar (algumas marcas adicionam uma pequena quantidade de baunilha e do emulsificante lecitina).

·········

O **chocolate ao leite** tem no mínimo 10% de massa de cacau e inclui sólidos do leite e açúcar, para deixá-lo mais doce e cremoso. Hoje, a tendência é usar uma porcentagem maior de massa de cacau que antigamente.

·········

O melhor **chocolate branco** possui uma base de manteiga de cacau, com adição de açúcar e sólidos do leite. Marcas inferiores substituem essa manteiga por gorduras vegetais, como óleo de palmeira hidrogenado, recebendo a denominação "chocolate branco para cobertura".

·········

Tradicionalmente, os confeiteiros que desejavam uma fina e delicada cobertura de chocolate em seus doces usariam chocolate para cobertura, que possui no mínimo 32% de manteiga de cacau para ajudá-lo a derreter melhor e aumentar sua viscosidade. Essa maior quantidade de manteiga de cacau o diferenciava do chocolate para consumo. No entanto, o padrão atual do chocolate foi aprimorado, e praticamente todos os chocolates incluem manteiga de cacau suficiente para ser considerados "cobertura", então o termo está deixando de ser usado.

Use uma faca serrilhada para picar chocolate. Na verdade, pense em raspar a barra em vez de picá-la. Comece pelo canto e trabalhe de trás para frente, movendo a faca 0,5 cm após cada corte. Quando tiver perdido a ponta do canto, vire a barra e comece pelo outro canto.

Pode parecer que você vai ganhar tempo, mas não use o processador para picar chocolate. Ele pode derreter em virtude do calor gerado pelo atrito.

Pequenos pedaços de chocolate de alta qualidade (pastilhas) são ótimos para economizar tempo se você precisar derretê-lo e não quiser picá-lo. Gotas de chocolate meio amargo podem ser parecidas, mas não são um bom substituto. Elas contêm alta porcentagem de lecitina, o que as ajuda a manter o formato quando levadas ao forno, por isso não derretem rapidamente.

O chocolate tem dois inimigos: o calor e a água. Use calor brando ao derreter chocolate meio amargo, já que em temperatura acima de 48º C ele queima (chocolate ao leite e branco queimam a 43º C e exigem atenção redobrada). Mantenha todas as superfícies e utensílios secos. Se decidir derreter o chocolate em banho-maria, nunca deixe a água ferver. O vapor pode acabar atingindo o chocolate, engrossando-o irremediavelmente.

....

O método tradicional de derreter chocolate é em banho-maria. Ele derrete abaixo da temperatura corporal, então a água bem quente funciona bem. Coloque cerca de 5 cm de água para ferver numa panela, depois retire-a do fogo. Encaixe sobre a panela uma tigela já com o chocolate picado, sem deixá-la encostar na água. O chocolate mantém sua forma mesmo quando morno, então mexa-o com uma espátula frequentemente enquanto ele derrete, para acompanhar o progresso. Cuidado para não aquecê-lo demais, já que ele pode queimar com facilidade.

....

Você também pode derreter chocolate no micro-ondas, mas é preciso ter cuidado para não aquecê-lo demais. Use a potência média durante 40 segundos, depois verifique. Se o chocolate não tiver derretido, leve-o novamente ao micro-ondas, checando a cada 20 segundos. Ao tirar o chocolate do micro-ondas, pode parecer que ele não está derretido, mas, mexendo um pouco, a maior parte dele vai derreter. Se nem tudo estiver derretido, leve o recipiente de volta ao micro-ondas por mais 15 segundos em potência média. Em virtude da grande variação de potência entre os micro-ondas, você terá de avaliar quanto tempo seu aparelho leva para derreter o chocolate.

Ver também **Cacau em pó**

Dicas divinas para churrasco

Cozinhar ao ar livre é um prazer que vai muito além de grelhar filés na churrasqueira. Atualmente, os "chefs de quintal" cozinham de tudo, de sopas a castanhas. A maior dúvida é se você deve usar uma churrasqueira de carvão ou a gás. O carvão resulta em melhor sabor, mas o gás é muito mais conveniente. Muitos churrasqueiros possuem os dois modelos, usando carvão para dar um sabor defumado aos alimentos e o gás para preparar uma refeição mais rápida. Veja algumas dicas para aprimorar seu churrasco, independentemente do tipo de churrasqueira:

1 Crie duas áreas de calor para cozinhar. Você terá mais controle sobre a aqilidade do preparo se puder contar com uma área quente e outra moderadamente quente. Na churrasqueira de carvão, espalhe o carvão da seguinte maneira: de um lado, uma pilha com dois ou três pedaços de carvão de altura e, do outro, pedaços espalhados de carvão. Na churrasqueira a gás, ligue um queimador em fogo alto e o outro (ou outros) em fogo baixo.

2 Deixe a tampa da churrasqueira fechada. As chamas aumentam quando a gordura do alimento cai sobre a fonte de calor, mas precisam de oxigênio para existir. Cozinhe com a tampa da churrasqueira fechada o maior tempo possível. Além de manter o calor dentro dela, você vai

impedir a entrada de oxigênio, que pode alimentar mais chamas.

3 Limpe a grelha depois de usar. Qualquer resíduo de alimento que ficar ali não vai sair no próximo churrasco que você fizer. Na verdade, ele vai ficar queimado na grelha e vai ser mais difícil removê-lo. Adquira o hábito de sempre raspá-la antes de guardar, quando o alimento grudado ainda estiver relativamente fácil de ser removido. Se não tiver uma escova própria para isso, segure uma bola de papel-alumínio com pinças longas e use-a para raspar a grelha.

4 Deixe carne bovina e de frango em temperatura ambiente de 30 minutos a 1 hora antes de grelhar. Coloque os temperos durante esse tempo. Se deixar para temperar os alimentos na hora de colocá-los na churrasqueira, eles não vão pegar gosto.

5 Meça a temperatura da churrasqueira. No forno, você não assa tudo na mesma temperatura. O mesmo acontece na churrasqueira. Alguns alimentos exigem temperaturas altas (230° a 315° C), outros, moderadas (180° a 230° C) e outros, baixas (135° a 180° C). Na maioria das churrasqueiras a gás isso é fácil de controlar, pois elas têm um termômetro na tampa, mas as churrasqueiras de carvão não costumam ter. Um termômetro para frituras, com uma longa haste de metal, pode ser usado na churrasqueira. Insira a haste em um dos orifícios da grelha para ler a temperatura.

Coador chinês

Também conhecido como chinois. Existem dois tipos desse coador cônico, então escolha o tipo certo para aquilo que você quer. Um deles é feito de metal perfurado e usado para preparar purê de legumes e sopas cremosas. O outro é feito de uma malha fina de aço inoxidável e usado para coar sopas, purês e molhos pela segunda vez, deixando-os mais ralos. Também pode ser usado para a filtragem inicial de caldos, já que remove até os menores pedacinhos de ervas, condimentos e ingredientes que possam afetar sua transparência.

Coberturas e recheios

Para manter o prato de bolo limpo, coloque tiras de papel-manteiga sob a camada inferior do bolo antes de espalhar a cobertura. Quando o bolo estiver coberto, remova as tiras.

É mais fácil cobrir o bolo se ele estiver em uma posição mais alta que a superfície de trabalho. Se você não tiver um suporte, vire uma tigela larga de boca para baixo e coloque o prato com o bolo sobre ela. Certifique-se de que a tigela seja larga o suficiente para que o prato fique estável.

Para a cobertura ficar lisa, passe uma camada bem fina por cima e nas laterais do bolo. Essa camada inicial vai impedir que migalhas se soltem e fiquem visíveis quando o bolo estiver pronto. Leve à geladeira até firmar, por cerca de 20 minutos. Em seguida, aplique uma camada final com a cobertura restante. Essa técnica funciona melhor com glacê à base de manteiga, e não com coberturas que vão ao fogo.

....

Antes de escrever em um bolo decorado, faça um teste. Use um palito de dentes para escrever o texto, verificando o tamanho e o espaçamento das letras.

....

A ganache, a versátil cobertura de chocolate, é a mistura de quantidades iguais de chocolate amargo ou meio amargo e creme de leite. Chocolates com maior porcentagem de cacau (ver **Chocolate**) terão um sabor mais intenso, mas também podem se separar por causa da grande quantidade de sólidos de cacau. Adicione mais 1½ colher (sopa) de creme de leite morno para cada 60 g de chocolate para compensar essa diferença.

....

A beleza de um bolo coberto com ganache é sua superfície brilhante. Quando refrigerada, a ganache fica fosca, porque a manteiga de cacau do chocolate perde o brilho quando exposta ao frio. Retire o bolo da geladeira cerca de 1 hora antes de servir, para que a manteiga de cacau tenha tempo de aquecer o suficiente e recupere o brilho. Uma solução mais rápida é direcionar o ar quente do secador de cabelos sobre a ganache para aquecer a superfície, mas não derretê-la, trazendo assim o brilho de volta.

Ver também **Glacê de manteiga**

Cogumelos

Conserve cogumelos frescos por mais tempo retirando-os do recipiente plástico no qual são vendidos. Transfira-os para um saco de papel e leve-os à geladeira. O aumento na circulação de ar os manterá frescos por até 1 semana.

....

Você *pode* lavar cogumelos frescos para limpá-los. Coloque-os em uma tigela com água fria, mexa-os na água para soltar qualquer sujeira e transfira-os para um escorredor. Cogumelos mais delicados, como chanterelles frescos, podem ficar saturados de água se ficarem de molho, então devem ser lavados e enxaguados rapidamente.

....

Quando não tiver tempo de deixar cogumelos secos de molho para reidratá-los, moa-os até que virem pó e possam ser adicionados diretamente ao prato. Remova qualquer sujeira que possam ter com uma escovinha de cerdas firmes, depois triture-os em um moedor de especiarias. O pó de cogumelos também pode ser polvilhado sobre bistecas de porco e vitela, peitos de frango e filés de peixe antes de serem refogados.

. . . .

Não existe uma boa finalidade para os cabinhos praticamente sem sabor removidos dos cogumelos shiitake, exceto adicioná-los à produção de composto orgânico.

Conversão de medidas

A grande divulgação de receitas internacionais na internet exige que os cozinheiros compreendam outros sistemas de medição e saibam converter medidas diferentes. As fórmulas seguintes não resultarão em medidas exatas, mas fornecem estimativas que funcionam em receitas nas quais medidas precisas não sejam cruciais, como sopas e ensopados. Para assar pães e bolos, é melhor usar uma balança de cozinha com o sistema métrico da receita original.

. . . .

Cada onça (*oz*) equivale a cerca de 28 g. Para converter onças em gramas, multiplique as onças por 28. Para uma conversão rápida, sem que seja preciso usar a calculadora, multiplique a medida em onças por 30 (ou por 3, e adicione um zero ao resultado). Por exemplo, 5 onças multiplicadas por 30 são 150 g. (Para ser preciso, 5 onças multiplicadas por 28 são 140 g, mas, na maioria dos casos, 10 g de diferença não afetarão o resultado da receita.) O próximo passo é descobrir o peso em xícaras ou usar a balança de cozinha. A tabela das páginas 219-222, que fornece o peso de 1 xícara dos ingredientes mais comuns (ver **Medidas**), vai ajudar.

....

Cada polegada (*inch*) equivale a cerca de 2,5 cm. Para converter polegadas em centímetros, multiplique a medida em polegadas por 2,5. Uma forma para bolo redonda de 9 polegadas, multiplicadas por 2,5, resulta em 22,5 cm, ou seja, uma forma de 23 cm.

....

Em relação à temperatura, a medida em Celsius é aproximadamente metade da temperatura em Fahrenheit (F). Por exemplo, 450º F equivale a cerca de 220º C. Veja na página 328 uma tabela completa para equivalentes de temperatura de forno em Fahrenheit, Celsius e na marcação britânica de fornos a gás.

....

No caso de ingredientes líquidos, a maioria das xícaras medidoras inclui marcações tanto para onças fluidas (*fl oz*) quanto para mililitros. Se a sua não for assim, estime que 1 xícara equivale a cerca de 8 onças fluidas.

Ver também **Forno**

Cookies

Não bata demais a manteiga e o açúcar para preparar cookies. Ao contrário da massa de bolo, a massa de cookies é assada de forma livre. Quando ela é aquecida, os fermentos químicos expandem as bolhas de ar, que explodem sem uma forma que obrigue a massa a subir, resultando em biscoitos espalhados e finos. Para fazer cookies, bata a manteiga e o açúcar por 1 ou 2 minutos, só até a mistura ficar cremosa, mas interrompa o processo antes que ela fique mais clara.

....

Outra recomendação para evitar que os biscoitos se espalhem: deixe a massa à base de manteiga na geladeira antes de assar. A manteiga possui baixo ponto de derretimento e começa a amolecer assim que é exposta ao calor do forno. Deixe a massa na geladeira por pelo menos 30 minutos e no máximo por 2 dias antes de moldá-la e assá-la. Isso só funciona com massas que levam fermento em pó. Não faça isso com aquelas que levam bicarbonato de sódio para fermentar, já que ele perde o poder de fermentação assim que misturado a ingredientes líquidos.

....

Profissionais usam colheres de sorvete para pegar a massa, fazendo biscoitos do mesmo tamanho e que levarão o mesmo tempo para assar. Uma colher de sorvete do tamanho de uma colher de sopa tem a capacidade correta para a maioria das receitas.

....

Para que seus cookies assem de maneira uniforme e para facilitar a limpeza, asse-os em formas de alumínio forradas com papel-manteiga. Para fixar o papel, primeiro unte a assadeira. Você também pode forrá-las com tapetes de silicone.

....

Nesse caso, é melhor fazer um teste primeiro. A base de alguns biscoitos não vai dourar tão bem sobre o tapete quanto sobre o papel-manteiga (ver página 314). É claro que isso pode ser uma vantagem se você preferir biscoitos mais macios.

....

Não há necessidade de transferir os cookies para uma grade para que esfriem. Na verdade, você pode causar mais danos aos biscoitos mornos e delicados ao transferi-los para uma grade do que deixando-os na assadeira. Se precisar removê-los para reutilizar a forma, deixe-os esfriar ali mesmo até que estejam firmes o bastante para ser retirados.

....

Para evitar que a base dos biscoitos queime (o que pode acontecer quando o forno não aquece de maneira uniforme), isole a assadeira colocando-a dentro de outra do mesmo tamanho. A fina camada de ar entre elas vai impedir que a assadeira de cima fique quente demais.

....

Não guarde diferentes tipos de biscoitos juntos, pois pode haver troca de sabor e textura. Recipientes de metal ou de inox com tampa são os melhores para guardar biscoitos, mas recipientes plásticos também podem ser usados, contanto que sejam herméticos e sem cheiro.

....

Para devolver a crocância a biscoitos que amoleceram, asse-os de 5 a 10 minutos em forno aquecido a 160º C. Deixe-os esfriar completamente antes de guardá-los.

....

Para que cookies macios mantenham sua consistência, guarde-os em um recipiente hermético com uma fatia de maçã embrulhada em papel-alumínio (retire-a após 24 horas) ou um pedaço de pão macio.

Dicas divinas para cozidos e ensopados

Cozidos são peças de carne, geralmente vermelha ou de frango, cozidas em líquido em fogo brando para que haja troca de sabores e amaciamento de proteínas. Se a carne vermelha ou o frango for cortado em pedaços pequenos, o prato costuma ser chamado de "ensopado", mas a técnica é a mesma. O cozido costuma ser reservado para cortes de carne mais duros, com muitos ligamentos, e geralmente requer menos líquido que o ensopado. O cozimento ajuda o tecido a se dissolver e virar gelatina, que, por sua vez, deixa o líquido do preparado bem encorpado. Para resultados bem suculentos, siga estas dicas:

1 Escolha a panela correta. Uma panela de ferro fundido permitirá que você sele a carne e continue cozinhando em ritmo mais lento no forno. Uma panela oval é perfeita para uma peça de carne longa, como lombo de porco, ou para um frango inteiro.

2 Seque completamente a carne antes de dourá-la e tempere-a com sal e pimenta-do-reino. Se a carne for passada na farinha, tire o excesso antes de colocá-la na panela.

3 Aos poucos, doure a carne em fogo médio-alto, para que sele sem queimar. Use óleo, e não manteiga, para dou-

rar. Os sólidos do leite na manteiga vão queimar. Não encha a panela de carne, ou o vapor que se formar vai impedir que ela doure. Remova cada porção de carne quando estiver pronta.

4 Se, depois de dourar, a gordura na panela estiver sem cor, jogue-a fora. Limpe a panela com papel-toalha e descarte os pedacinhos queimados.

5 Cozidos feitos na boca do fogão podem queimar com o fogo direto. Em vez disso, coloque a panela tampada (tampar evita que o líquido evapore) em forno preaquecido a 160° C, onde é menos provável que o líquido evapore e os alimentos queimem. Deixe o cozido ferver na chama do fogão antes de colocar a panela no forno.

6 O líquido do cozimento deve ser mantido em fervura leve, e a comida deve ficar cercada de vapor. Se necessário, abaixe a temperatura do forno para evitar que o líquido evapore rápido demais.

7 Pode acontecer de cozidos e ensopados passarem do ponto. Cozinhe a carne até que fique macia quando espetada com um garfo. Cozinhar demais resultará em carne seca, fibrosa e sem sabor.

8 Se tiver tempo, deixe o cozido esfriar completamente e aqueça-o novamente antes de servir. Para que os sabores se intensifiquem, tampe-o e leve-o à geladeira de um dia para o outro. Retire com uma colher a gordura endurecida. Aqueça-o lentamente na chama do fogão, mexendo com frequência e raspando o fundo da panela com uma colher de pau para evitar que queime.

9 Se não tiver tempo de deixar esfriar e aquecer o cozido, remova e descarte a gordura que ficar na superfície do líquido do cozimento antes de servir.

10 Se o líquido do cozimento estiver ralo demais, engrosse-o com um beurre manié (ver página 77). Cozinhe o molho por pelo menos 5 minutos para que não fique com gosto de farinha de trigo crua.

Ragu de carne à provençal

RENDE 6 PORÇÕES

Marinado por bastante tempo e lentamente cozido, o que chamamos de ensopado, os franceses chamam de ragu. Sirva sobre macarrão ou purê de batata para não perder nem uma única gota do delicioso molho. Se tiver tempo, prepare o ragu e deixe-o na geladeira de um dia para o outro, assim os sabores ficarão bem misturados.

MARINADA

2 colheres (sopa) de azeite extravirgem

1 cebola picada

1 cenoura pequena picada

1 talo pequeno de salsão picado

2 dentes de alho picados

1 garrafa (750 ml) de vinho tinto encorpado

2 ramos de tomilho

2 folhas de louro

¼ colher (chá) de pimenta-do-reino em grão

1,5 kg de acém cortado em cubos, com o excesso de gordura removido

Sal e pimenta-do-reino moída na hora

120 g de panceta, cortada em fatias de 0,5 cm e picada

- 5 colheres (sopa), ou mais se necessário, de azeite extravirgem
- ½ xícara (chá) de farinha de trigo
- 1 cebola grande picada
- 2 cenouras descascadas e cortadas na diagonal
- 2 talos de salsão cortados na diagonal
- 6 dentes de alho picados
- 4 xícaras (chá) de caldo de carne caseiro ou caldo pronto com baixo teor de sódio
- ½ xícara (15 g) de cogumelos Porcini secos, limpos e moídos até virar pó
- 2 colheres (sopa) de extrato de tomate
- 1 folha de louro
- 230 g de cogumelos Cremini cortados em quatro
- 1 colher (chá) de tomilho fresco picado
- 2 colheres (sopa) de salsinha fresca picada, para decorar

1 Para fazer a marinada, aqueça o azeite em uma frigideira grande em fogo médio. Adicione a cebola, a cenoura, o salsão e o alho e cozinhe, mexendo de vez em quando, até ficarem macios, mas não dourados, cerca de 5 minutos. Adicione o vinho, o tomilho, as folhas de louro e a pimenta-do-reino. Abaixe o fogo e cozinhe por 10 minutos, mexendo delicadamente. Retire a mistura do fogo e transfira para uma tigela refratária grande, em que caiba a marinada e a carne. Coloque a tigela em um recipiente ainda maior com água e gelo. Deixe a marinada esfriar completamente e em seguida retire-a de cima da água gelada.

2 Tempere a carne com sal e pimenta-do-reino. Coloque-a na marinada fria, mergulhando-a completamente. Tampe e leve à geladeira por pelo menos 12 horas, ou por até 16 horas.

3 Coloque uma peneira sobre uma tigela e escorra a carne. Retire a carne da peneira e reserve 2 xícaras da marinada coada. Descarte a marinada que sobrou e seus ingredientes sólidos. Seque os pedaços de carne com papel-toalha, depois espalhe-os em uma assadeira. Adicione mais uma pitada de sal e pimenta-do-reino.

4 Posicione uma grade no meio do forno e preaqueça-o a 160º C. Em uma panela grande de ferro fundido, aqueça 2 colheres (sopa) de azeite e a panceta em fogo médio. Cozinhe por 10 minutos, mexendo de vez em quando ou até que a panceta doure. Com uma escumadeira, coloque-a para escorrer em papel-toalha, reservando a gordura na panela.

5 Aumente o fogo para médio-alto. Coloque a farinha de trigo em uma tigela. Trabalhando por partes para não encher a panela, passe a carne na farinha, sacuda para tirar o excesso e adicione-a à panela. Frite a carne, virando os pedaços de vez em quando com uma pinça, durante 5 minutos, ou até dourar todos os lados. Transfira para um prato. Repita o processo até que toda a carne esteja dourada, adicionando mais azeite à panela quando necessário.

6 Adicione à panela 2 colheres (sopa) do azeite e aqueça em fogo médio. Coloque as cebolas, as cenouras, o salsão e o alho, tampe e deixe cozinhar por 5 minutos ou até que os legumes fiquem macios, mexendo de vez em quando. Volte a carne e a panceta para a panela. Adicione as 2 xícaras reservadas da marinada, o caldo de carne, os cogumelos Porcini, o extrato de tomate, a folha de louro e deixe ferver. Tampe, leve ao forno e asse por 1 hora e 45 minutos, ou até que a carne esteja quase macia.

7 Enquanto isso, aqueça o restante do azeite (1 colher) em uma frigideira grande em fogo médio-alto. Adicione os cogumelos Cremini e tempere-os com sal e pimenta-do-reino. Cozinhe por cerca de 6 minutos ou até dourar levemente, mexendo de vez em quando. Reserve.

8 Retire a panela do forno e adicione os cogumelos Cremini e o tomilho. Tampe e leve ao forno novamente por cerca de 15 minutos, ou até que a carne esteja macia.

9 Deixe o ragu descansar por 5 minutos, depois retire a gordura que subir à superfície. Tempere com sal e pimenta-do-reino e polvilhe com a salsinha. Sirva quente.

Dicas para o ragu de carne à provençal

- Veja "Dicas divinas para cozidos e ensopados" (página 141).

- A marinada é cozida para remover um pouco do álcool, assim o longo contato com os pequenos pedaços de carne não altera sua textura.

- Um vinho tinto encorpado e não envelhecido é a melhor opção para cozinhar, já que vinhos envelhecidos adicionam sabores indesejados à comida.

- Moer os cogumelos Porcini secos elimina a necessidade de deixá-los de molho.

- O extrato de tomate realça a cor e o sabor do molho.

Creme de leite

O creme de leite fresco contém de 30% a 40% de gordura. Esse é o creme de leite usado para fazer chantili. Além do fresco, existe o creme de leite *light* (com cerca de 20% de gordura) e o regular, de lata ou caixinha (com cerca de 25% de gordura). A escolha do tipo de creme de leite vai depender da receita e da forma de preparo, já que apenas o creme de leite fresco pode ser fervido sem talhar. Como último alerta, quando a receita pedir creme de leite fresco, não o substitua por outros tipos, que possuem teor de gordura mais baixo e não batem chantili.

....

O creme de leite é pasteurizado para durar mais. O creme ultrapasteurizado (chamado de "UHT", *ultra-high temperature*, em inglês) é aquecido a temperaturas tão altas que seu sabor e sua capacidade de bater chantili ficam comprometidos. Tente usar o creme de leite fresco sempre que puder, porque ele bate chantili e estabiliza melhor que o ultrapasteurizado, além de ser mais saboroso também.

Ver também **Chantili**

Crème fraîche

Esse espesso creme derivado do leite parece creme azedo, mas seu sabor é muito menos ácido e mais amanteigado. Ao contrário do creme azedo, tem a vantagem de não talhar quando aquecido. É difícil encontrar o crème fraîche à venda, mas ele pode ser feito em casa.

Para fazer crème fraîche caseiro, misture em uma panela pequena 1 xícara de creme de leite fresco ou em lata (não o de caixinha) e 2 colheres (sopa) de buttermilk. Aqueça em fogo baixo até a mistura ficar morna. Transfira-a para uma tigela e cubra com filme plástico. Deixe descansar em um local quente até que fique com a consistência de creme de leite, de 24 a 36 horas (o tempo exato depende da temperatura ambiente). Transfira o creme para um recipiente com tampa e leve à geladeira por 24 horas para engrossar ainda mais. Pode ser mantido na geladeira por até 2 semanas.

Cutelo

Na cozinha ocidental, um cutelo pesado é usado para cortar ossos duros, mas os cozinheiros asiáticos usam o cutelo de lâmina fina para cortar e picar legumes e carnes com osso. Antes de comprar um, pense em como planeja usá-lo com mais frequência. Talvez você queira ter os dois tipos na sua cozinha.

Ervas
Especiarias
Espinafre
Faca meia-lua
Facas
Farinha
Farinha de rosca
Feijão seco
Fermento biológico
Fermento em pó
Fermentos químicos
Fondue
Forno
Frango
Fritura por imersão, dicas divinas para
Frutas cítricas
Frutas frescas
Frutas oleaginosas
Frutas secas
Frutas silvestres

Ervas

Para substituir uma erva fresca por seu equivalente seco, use ⅓ da quantidade. Por exemplo, use 1 colher (chá) de orégano seco no lugar de 1 colher (sopa) de orégano fresco. É claro que essa substituição não funciona quando as ervas também dão volume à receita, como no caso do pesto.

....

Ervas secas são adicionadas durante o cozimento porque seus óleos aromáticos ficaram concentrados com a desidratação. Adicione ervas frescas no fim do cozimento, para que o sabor não se dissipe.

....

Realce o sabor das ervas secas picando-as junto com algumas folhas de salsinha fresca. Ou esfregue as ervas secas com os dedos ao adicioná-las a um prato, para liberar seus óleos aromáticos.

....

Certifique-se de que as ervas frescas estejam completamente secas antes de picá-las. Mergulhe-as em uma tigela de água fria e depois seque-as em uma centrífuga para salada, para que fiquem limpas e secas.

....

Use uma faca afiada para picar ervas. Uma faca cega vai machucá-las. Afie o utensílio antes de começar. A faca meia-lua (ver página 155) é perfeita para picá-las, porque sua lâmina curva possui uma superfície maior que a maioria das facas, tornando a tarefa mais rápida. Tesouras de cozinha também são boas para cortar cebolinhas frescas.

....

Ervas (e especiarias) secas perdem o sabor depois de 6 meses. Guarde-as em recipientes herméticos em local escuro e fresco, longe do calor do fogão, já que ele acelera a perda do sabor. Marque os recipientes com a data de compra para saber a validade.

....

Um ramo de erva é um talo fino com algumas folhas. Um talo de erva é um talo longo com vários ramos de folhas.

Especiarias

Até o cozinheiro mais organizado precisa de ajuda quando se trata de arrumar o armário de especiarias, que, é claro, geralmente armazena ervas secas também. Colocá-las em ordem alfabética é o primeiro passo. Cozinheiros que têm mais de duas dúzias de ervas e especiarias talvez precisem fazer uma lista para facilitar a localização.

....

Se os potes estiverem numa gaveta e você só puder ver as tampas, escreva os nomes nelas com tinta permanente. Se estiverem num armário, utilize um organizador de prateleiras em degraus, que permitirá que você

Especiarias

veja mais potes de uma vez e facilitará o acesso a eles. Quem tem uma grande variedade de especiarias pode dividi-las em categorias, como "misturas e temperos" ou "grãos de pimenta e pimentas moídas". Se você prepara muitos pães e bolos, faz sentido manter as especiarias mais usadas (canela, cravo, pimenta-da-jamaica etc.) perto das formas e assadeiras.

....

Se tiver um tipo de culinária específica que você só prepara ocasionalmente, reúna os temperos e molhos (que também podem ser usados à mesa) em uma caixa plástica transparente para separá-los das especiarias usadas no dia a dia. Uma caixa para culinária chinesa, por exemplo, pode incluir pó de cinco especiarias, sementes de coentro, anis-estrelado, molho hoisin, pasta de pimenta, entre outros. Certifique-se de guardar os perecíveis na geladeira.

....

Se você tem o costume de comprar especiarias e ervas a granel, em sacos plásticos, transfira-as para recipientes herméticos. Guarde potes de vidro vazios para isso, já que potes específicos para especiarias podem ser muito pequenos.

....

Os óleos essenciais presentes nas ervas e especiarias evaporam com o tempo e, após 6 meses, já perderam a maior parte do sabor. (Por isso, não compre mais do que você estima que vai usar em 6 meses, mesmo que o produto esteja em promoção, a menos que divida com amigos.) Escreva a data de compra no rótulo para consultar depois. O calor acelera a evaporação, então sempre guarde ervas secas e especiarias longe do fogão.

Espinafre
Época: de junho a dezembro

Antes de ser adicionado a um prato, o espinafre geralmente é pré-cozido e espremido para eliminar o excesso de água. Embora você possa fazer isso com um punhado de cada vez, um espremedor de batatas faz um trabalho mais eficiente. Para evitar que o espinafre passe pelos orifícios, forre o recipiente do espremedor com um pano de prato fino e limpo e use pressão moderada.

Faca meia-lua

Essa faca italiana com lâmina curva – também chamada *mezzaluna* – é perfeita para cortar ervas e pode ter um ou dois cabos. A lâmina afiada, em forma de meia-lua, é virada de um lado para o outro sobre as ervas, fatiando-as sem que seja preciso tirar a lâmina da tábua. Uma faca afiada é um bom substituto, mas os cozinheiros adeptos da *mezzaluna* dizem que não há nada melhor.

Facas

Sempre que terminar de usar uma faca, você deve afiá-la rapidamente com uma chaira antes de guardá-la. A chaira, que é uma haste de metal roliça e longa, raspa uma minúscula porção de metal para deixar o utensílio mais afiado. Aproximadamente a cada 6 meses, a maioria das facas deve ser afiada por um profissional ou em casa, com um afiador mecânico ou manual (como uma pedra de amolar).

....

Facas básicas

Além das básicas, monte sua coleção de facas com base no tipo de receitas de que você mais gosta. Se prefere assar carnes, uma faca para trinchar será mais útil do que uma de lâmina fina para legumes.

Comece com	Adicione	É bom ter
Faca de chef de 20 cm	Faca de chef de 25 cm	Faca para desossar
Faca para legumes de 9 cm	Faca santoku de metal ou cerâmica, de 14 cm	Faca para trinchar de 23 cm
Faca serrilhada para pão de 23 cm	Tesoura de cozinha	Cutelo de lâmina fina para legumes
		Faca serrilhada para tomate
		Faca para legumes de 10 cm

....

O fio da faca é feito em um ângulo de 20 graus. Então, para afiá-la corretamente, segure-a em um ângulo de 20 graus em relação à chaira e raspe cada lado da lâmina três ou quatro vezes na haste.

....

Se você não tiver uma chaira, pode usar um prato ou uma caneca de cerâmica. Vire o prato para baixo e passe a faca na borda do fundo, sem revestimento, segurando a lâmina em um ângulo de 20 graus. O fundo do prato ficará cinza, mas pode ser limpo com uma esponja úmida.

....

Quando as facas são guardadas em cepo de madeira, as lâminas ficam escondidas, o que dificulta a identificação de utensílios que tenham cabos parecidos. Para ajudar a distinguir uma faca da outra, use esmalte de unha vermelho ou branco para marcar o cabo de cada uma com uma inicial, por exemplo, C para carne, S para serrilhada ou L para legumes.

Farinha

Talvez você tenha comprado farinhas especiais, tais como de trigo-sarraceno, de trigo integral ou de centeio, que vai acabar não usando muito. Essas farinhas integrais incluem gérmen rico em óleo e podem ficar rançosas mais rapidamente que a farinha de trigo refinada. Para que durem mais tempo, transfira-as para uma embalagem própria para freezer, etiquete com o tipo de farinha e a data e congele-as por até 1 ano. Você também pode armazenar farinha de trigo branca dessa maneira, o que vai ser útil se você tiver comprado grande quantidade em oferta. Apenas deixe-a em temperatura ambiente por algumas horas antes de usá-la, para que fique na mesma temperatura dos demais ingredientes.

....

Alguns pacotes de farinha podem dizer que ela é "pré--peneirada", mas isso não significa que você não precise peneirá-la novamente se a receita pedir. Mesmo que tenha sido peneirada na fábrica, a farinha vai se compactar durante o transporte. Peneirar é o mesmo que aerar a farinha, facilitando sua incorporação à massa. E peneirar também mistura os ingredientes secos muito melhor que apenas mexê-los. (Principalmente se a receita incluir bicarbonato de sódio, que pode formar grumos durante o armazenamento que só se desfazem quando peneirados.)

....

Entenda a diferença entre "1 xícara de farinha peneirada" e "1 xícara peneirada de farinha". Na primeira situação, a farinha é medida e depois peneirada. Na segunda, a farinha é peneirada e depois medida. Existe uma diferença de peso entre as duas que pode interferir no resultado da receita.

....

Farinha especial para bolo possui menor teor de glúten que a comum e é usada para garantir uma massa macia. Ela também é branqueada, então muitos cozinheiros preferem não usá-la. Para substituí-la, misture 1 colher (sopa) de amido de milho e 15 colheres (sopa) de farinha de trigo comum (ou 1 xícara menos 1 colher de sopa). O amido de milho, que não contém glúten, vai reduzir o teor total desse componente na mistura de farinha.

Para medir a farinha com mais facilidade quando for usá-la, guarde-a em um recipiente de boca larga no qual caibam sua mão e uma xícara medidora. Um pote de plástico com tampa com capacidade para 5 ou 6 litros pode armazenar dois pacotes de 1 kg de farinha de trigo e ainda sobra espaço. Dessa forma, você pode encher a xícara medidora e nivelá-la ainda sobre o pote, sem sujar a bancada. Para etiquetar potes de farinha facilmente, corte a parte da embalagem que traz as palavras que a identificam. Deixe a etiqueta no topo do pote ou na tampa para distinguir rapidamente farinhas que parecem idênticas, como a comum e a farinha especial para pão. Guarde em local fresco e seco.

Ver também **Medidas**

Farinha de rosca

A farinha de rosca fresca e a seca começam da mesma forma. Ambas são facilmente preparadas colocando pão fatiado em um processador ou liquidificador. Utilize pão branco com miolo firme ou pão de forma de qualidade. Evite pães com o miolo aberto e aerado ou com a casca escura. O pão italiano deixará a farinha com um sabor ácido, então não é a melhor escolha para fazer farinha de rosca, que deve ser neutra. Você decide se vai deixar a casca ou removê-la.

....

Para fazer farinha de rosca fresca, corte pão fresco em pedaços de 5 cm e bata-os no processador ou no liquidificador, até virar pó. Guarde a farinha em um saco plástico no freezer por até 2 meses; não é preciso descongelar para usar.

....

Para fazer farinha de rosca seca, não use pão velho e ressecado, pois o sabor pode ficar estranho. Em vez disso, torre pão fresco fatiado até que esteja com as bordas firmes, mas sem dourar. Enquanto o pão esfria, ficará crocante. Bata-o no processador ou no liquidificador até virar pó. Prepare apenas a quantidade de farinha que precisar. Farinha de rosca seca não fica boa por muito tempo.

....

Você pode fazer farinha de rosca com outros tipos de pão: croissants, bagels e bisnaguinhas também podem virar farinha.

....

Panko é um tipo de farinha de rosca crocante e macio feito ao estilo japonês, e costuma ser usado em pratos nos quais se deseja uma cobertura especialmente crocante. Pode ser usado em qualquer receita que peça farinha de rosca seca, tanto para dar liga a misturas úmidas, como bolo de carne, quanto para empanar pratos como croquetes.

....

Para garantir uma crosta crocante em alimentos cobertos com farinha de rosca e assados, espirre óleo em spray sobre a farinha antes de levá-los ao forno, fazendo isso novamente durante o tempo em que eles ficarão assando.

Feijão seco

Compre feijões secos de marcas que vendam bem. Porque, quanto mais tempo passarem na prateleira, mais secos ficarão e mais tempo vão levar para cozinhar. (Se você já cozinhou feijões que não ficaram macios de jeito nenhum, eles provavelmente eram velhos demais.) Em casa, armazene-os em um recipiente hermético, em local escuro e fresco.

....

Feijão seco

Deixar o feijão de molho diminui o tempo de cozimento e ajuda a manter seu formato. Embora o molho não seja imprescindível, um menor tempo de cozimento economiza gás, o que já é motivo suficiente para fazer isso. Espalhe os feijões em uma assadeira grande e escolha-os, a fim de remover pedras ou grãos quebrados. Transfira-os para uma tigela e adicione água fria suficiente para cobri-los, deixando o nível da água dois ou três dedos acima. Deixe-os de molho por 2 horas: mais tempo fará com que eles encolham. Escorra antes de cozinhá-los.

....

Para acelerar o processo do molho, coloque os feijões escolhidos em uma panela grande, cubra com água fria e deixe ferver. Retire do fogo imediatamente e tampe. Deixe de molho por 1 hora e escorra antes de cozinhá-los.

....

A opinião dos cozinheiros se divide quanto ao momento certo de salgar uma panela de feijões. Algumas pessoas acreditam que o sal endurece os grãos, exigindo maior tempo de cozimento. Outras acreditam que, se salgados no fim do cozimento, os feijões não ficarão saborosos. Então, para garantir o tempero adequado, adicione uma quantidade razoável de sal no início do cozimento (cerca de ½ colher (chá) para cada xícara de feijões secos), já que o tempo adicional de cozimento é mínimo.

Fermento biológico

O fermento biológico seco tradicional precisa ser dissolvido em água morna (entre 40º e 46º C) para amolecer e ativar os grânulos de fermento. (Nem todos fazem espuma quando ativados, e alguns só parecerão cremosos com algumas bolhas. Adicione uma pitada de açúcar à água para que a reação fique mais evidente.) A questão da temperatura pode assustar os cozinheiros, que temem matar o fermento biológico com água muito quente.

....

Atualmente, existem muitas alternativas ao fermento biológico seco que podem tornar sua vida mais fácil. O fermento biológico seco rápido e o seco instantâneo estão ganhando popularidade porque não precisam ser dissolvidos em água morna. Apenas adicione-os aos ingredientes secos e depois junte os líquidos, mornos ou frios. Você pode colocar o fermento rápido ou instantâneo em água morna para acelerar o processo. Na verdade, se usar água fria, a massa vai demorar um pouco mais para crescer, mas o pão ficará melhor, pois os sabores terão mais tempo para se desenvolver.

....

Padeiros profissionais preferem o fermento biológico fresco porque ele se dissolve diretamente na massa, e muitos acham que o pão fica com um sabor e uma textura melhores. Ele é vendido em pequenos tabletes e pode ser esmigalhado em líquido frio para se dissolver.

Fermento biológico

É difícil medir o fermento biológico fresco em colheres, então geralmente se usa um cubo inteiro. Esse tipo de fermento tem curta validade (cerca de 2 semanas na geladeira), por isso tem sido cada vez menos usado.

Os fermentos biológicos secos rápido e instantâneo possuem uma capacidade de fermentação maior que o seco tradicional. Se você quiser diminuir o tempo de crescimento da massa, substitua quantidades iguais do fermento biológico seco comum por fermentos mais fortes. Mas a maioria dos cozinheiros prefere que o crescimento seja lento, para que o sabor fique mais acentuado, por isso usam quantidades menores dos fermentos mais fortes para fornecer a capacidade de fermentação igual à do fermento tradicional. Use as medidas abaixo para substituir um fermento biológico por outro.

- Para cada colher (chá) de fermento biológico seco tradicional, use ¾ colher (chá) de fermento biológico seco rápido ou instantâneo.

- Para cada colher (chá) de fermento biológico seco rápido ou instantâneo, use 1¼ colher (chá) de fermento biológico seco tradicional.

- Para cada cubo de 15 g de fermento biológico fresco, use 2¼ colheres (chá) de fermento biológico seco tradicional ou 1½ colher (chá) de fermento biológico seco rápido ou instantâneo.

Fermento em pó

Ver **Fermentos químicos**

Fermentos químicos

Bicarbonato de sódio e fermento em pó são usados em receitas levadas ao forno para expandir as bolhas de ar que se formam quando você bate manteiga e açúcar ou claras em neve. Eles não formam as bolhas de ar sozinhos. Os dois fermentos dependem de reações químicas entre ingredientes alcalinos e ácidos para criar o dióxido de carbono, que faz a massa crescer. E, embora sejam parecidos, não podem ser trocados um pelo outro.

O bicarbonato de sódio, que é alcalino, reage com os ingredientes ácidos de uma receita, como buttermilk, iogurte, creme azedo, melado e açúcar mascavo, para formar o dióxido de carbono que expande as bolhas de ar na massa. Massas com bicarbonato de sódio devem ser assadas imediatamente após ser misturadas, antes que o dióxido de carbono possa se dissipar.

O fermento em pó não depende de uma combinação específica de ingredientes para fazer a massa crescer. Ele é feito de bicarbonato de sódio alcalino misturado com ácidos (geralmente sulfato de sódio e alumínio e fosfato monocálcico) e um pouco de amido de milho. Os fermentos em pó, em sua maioria, são chamados de "dupla ação", porque são ativados primeiramente quando a massa é umedecida, e depois mais uma vez pelo calor do forno. Alguns cozinheiros podem sentir um sabor metálico residual em fermentos em pó industrializados feitos com sulfato de sódio e alumínio, mas existem marcas que não utilizam esse componente, então verifique o rótulo.

....

Você pode preparar seu próprio fermento em pó. Para fazer 1 colher (sopa) de fermento em pó, misture 2 colheres (chá) de cremor tártaro e 1 colher (chá) de bicarbonato de sódio. A mistura será ativada assim que for umedecida, então coloque rapidamente a massa no forno, antes que o dióxido de carbono desapareça.

....

O bicarbonato de sódio tem prazo de validade. Guarde-o em um saco plástico com lacre, com a data de validade anotada, em local seco e fresco. Para checar se ele ainda tem validade, misture ½ colher (chá) de bicarbonato de sódio com 2 colheres (sopa) de vinagre. Se a mistura borbulhar, o bicarbonato ainda está bom para ser usado.

....

Dê uma olhada na data de validade do fermento em pó para estimar sua eficácia e guarde-o em local fresco e seco. Para testá-lo, misture ½ colher (chá) de fermento em pó com ¼ xícara (chá) de água quente. Se borbulhar, ainda está bom para ser usado.

Fondue

Se quiser experimentar uma receita de fondue de queijo, não omita o vinho. Ele contém ácidos que ajudam o queijo a derreter de maneira homogênea. As receitas costumam incluir também suco de limão ou vinagre, para aumentar a acidez total.

....

Pode parecer romântico fazer fondue de queijo à mesa, mas o suporte de metal e a fonte de calor são feitos apenas para servir o fondue já pronto. Prepare-o no fogão, depois transfira para a panela própria, sirva e saboreie.

....

O que fazer com as sobras do fondue de queijo? Coloque-as em uma forma quadrada pequena. A camada de fondue deve ficar com pouco mais de 1 cm de altura. Cubra e deixe na geladeira de um dia para o outro. No dia seguinte, corte o fondue firme em quadradinhos de 5 cm, passe-os na farinha de trigo, em ovos batidos e, em seguida, na farinha de rosca. Deixe-os em temperatura ambiente por 15 minutos para firmar a casca. Numa frigideira, aqueça óleo ou azeite em fogo médio. Frite os quadradinhos empanados por aproximadamente 4 minutos, ou até dourarem. Sirva com fatias de limão como aperitivo, ou com salada para um jantar leve.

....

O fondue de chocolate é muito delicado, então a chama que o mantém quente à mesa deve ser bem baixa. Se a fonte de calor for difícil de ajustar, use uma vela pequena. O calor da vela vai manter o fondue quente e viscoso, sem risco de queimar. Se sobrar fondue de chocolate, derreta-o novamente em banho-maria com uma generosa porção de creme de leite e use como cobertura para sorvete.

Forno

Poucos fornos são totalmente precisos. Sempre verifique a temperatura com um termômetro de forno. Coloque o termômetro no centro do forno, onde o alimento será assado, e não perto de uma das laterais ou nas partes de cima ou de baixo, onde a temperatura pode ser alterada pela parede de metal. Deixe o forno preaquecer por pelo menos 20 minutos antes de checar a temperatura.

....

Pães caseiros são assados em alta temperatura. Para compensar a perda de calor provocada pela abertura da porta do forno, preaqueça-o 20º C mais quente do que a receita pedir. Quando colocar o pão, abaixe a temperatura. Se estiver usando uma pedra para assar, preaqueça o forno de acordo com a temperatura da receita. A pedra retém tão bem o calor que não é necessário preaquecer o forno em temperatura mais alta.

....

Se você tiver a opção "convecção" em seu forno, deve usá-la frequentemente. A circulação de ar é eficaz para dourar os alimentos e diminuir o tempo de permanência no forno. Não use a opção convecção com receitas que possuam estrutura delicada de ovos batidos (pão de ló, suflês e merengues). O fluxo de ar mais forte pode fazer a estrutura baixar ou impedir seu crescimento.

....

Para ajustar uma receita para um forno de convecção, reduza a temperatura em 10° C e o tempo em um terço. Verifique visualmente e use termômetros culinários para avaliar se o alimento está pronto.

> Para obter precisão, meça a temperatura duas vezes. O forno liga e desliga para manter o calor uniforme.

Equivalências de temperatura do forno

Fahrenheit (F)	Celsius (C, arredondada)	Marcação de gás*
225	110	¼
250	120	½
275	140	1
300	150	2
325	170	3
350	180	4
375	190	5
400	200	6
425	220	7
450	230	8
475	240	9
500	250	não aplicável

* A marcação de gás é o indicador de calor usado em fornos a gás britânicos e não corresponde nem a Fahrenheit nem a Celsius.

Frango

Frangos para cozinhar ou fritar podem ser usados para todos os fins, mas geralmente vêm em pedaços. Antigamente costumavam pesar cerca de 1,5 kg em média, mas hoje em dia você encontra frangos de mais de 2 kg, rendendo mais porções. **Frangos para assar** pesam de 2,2 a 3 kg e geralmente são assados inteiros no forno. Mesmo que você vá servir um grupo pequeno de pessoas, vale a pena assar um frango maior para poder usar as sobras em outras refeições.

Os **galetos, frangos muito jovens e pequenos**, pesam cerca de 500 g ou um pouco menos.

O **frango comum de supermercado** é criado de acordo com os padrões do Ministério da Agricultura, que permite o uso de antibióticos e hormônios.

Frangos caipiras têm acesso a áreas abertas, o que não significa que vivam soltos. Os padrões para **frangos orgânicos** variam, pois são regulados por órgãos independentes. Em geral, essas aves, que também são caipiras, devem se alimentar de ração produzida organicamente e sem antibióticos. Alguns cozinheiros acreditam que o sabor do frango caipira e do orgânico é superior ao sabor dos frangos comuns.

Frango

Você precisa assar um frango em tempo recorde? Abra e desosse a ave e asse-a em temperatura bem alta. Com toda a superfície exposta ao calor do forno, a pele ficará crocante e dourada.

....

Para assar o frango, use um recipiente que também possa ir ao fogo, assim você poderá deglaçar os resíduos e transformá-los em molho. Assadeiras de ferro fundido esmaltado são uma boa escolha.

....

Você pagou pelo frango inteiro, então não jogue nada fora. O pescoço, o coração, os rins e a gordura podem ser transformados em um caldo de galinha que renderá o suficiente para várias receitas, incluindo um molho para servir com o próprio frango. (Não use o fígado, pois ele deixará o caldo amargo.) Se tiver desossado o frango, pique o dorso e adicione os pedaços ao caldo também. Ele não ficará tão espesso quanto um caldo que cozinhou por muito tempo, mas fica ótimo quando misturado aos sucos da panela.

....

As ervas dão um sabor maravilhoso ao frango assado, mas podem queimar se só forem passadas sobre a pele. Misture-as com manteiga amolecida e insira essa pasta sob a pele do frango, espalhando-a uniformemente. Asse sem se preocupar com ervas queimadas.

Ver também **Aves, Peru**

Frango desossado assado com ervas

RENDE 4 PORÇÕES

Desossar o frango faz com que toda a superfície da ave fique exposta ao calor do forno, então, ao contrário de um frango inteiro, a pele toda doura por igual. Isso também reduz quase pela metade o tempo de forno. Esta receita ensina como preparar um rápido caldo de galinha usando os miúdos e outras partes que costumam ser descartadas.

- 1 frango (2 kg) com miúdos (descarte o fígado ou guarde-o para outra receita)
- ¼ xícara (chá) de cebola picada
- 3 xícaras (chá) de água
- 1 pitada de tomilho seco
- ½ folha de louro
- 1 dente de alho
- 1¼ colher (chá) de sal
- 1 colher (sopa) de salsinha fresca picada
- 1 colher (chá) de ervas de Provence, ou ½ colher (chá) de orégano seco e ½ colher (chá) de tomilho seco
- 3 colheres (sopa) de manteiga sem sal em temperatura ambiente, mais 1 colher (sopa) de manteiga gelada
- ½ colher (chá) de pimenta-do-reino moída na hora

1 Coloque a grade na parte superior do forno e preaqueça-o a 220º C. Retire os miúdos da cavidade do frango e reserve (não se esqueça de descartar o fígado ou guardá-lo para outra receita). Com uma tesoura de destrinchar, corte ao longo do dorso e remova-o. Pique o dorso e o pescoço em pedaços de 5 cm.

2 Para fazer um caldo rápido, retire os pedaços de gordura amarela de dentro da cavidade, perto do rabo. Pique a gordura e coloque-a em uma panela. Em fogo médio, aqueça por aproximadamente 5 minutos, ou até que a gordura tenha soltado cerca de 1 colher (sopa) de líquido. Adicione o pescoço, o coração e os rins à panela e cozinhe, mexendo de vez em quando, por cerca de 5 minutos, ou até dourar levemente. Adicione a cebola e cozinhe, mexendo de vez em quando, por 3 minutos, até amolecer. Adicione ½ xícara (chá) da água e deixe ferver, raspando com uma colher de madeira o que grudar no fundo da panela. Adicione as 2½ xícaras de água restantes e deixe ferver, removendo a espuma que subir à superfície. Adicione a pitada de tomilho e a folha de louro, abaixe o fogo e cozinhe, sem tampar, por 1 hora, ou até reduzir para 2 xícaras. Enquanto isso, prepare e asse o frango.

3 Pique o alho com ¼ colher (chá) de sal, esfregando-o na tábua para formar uma pasta. Adicione a salsinha e as ervas de Provence e pique tudo junto. Transfira para uma tigela pequena. Adicione a manteiga em temperatura ambiente e, com uma espátula de borracha, amasse tudo até misturar bem.

4 Coloque o frango sobre a tábua, com a pele para cima. Pressione firmemente o osso do peito com a mão para deixá-lo plano. Talvez você ouça o barulho dos ossos se quebrando, mas não tem problema. Enfie os dedos sob a pele do frango para soltá-la da carne. Insira a manteiga temperada sob a pele e massageie para distribuí-la de maneira uniforme. Misture 1 colher (chá) de sal à pimenta-do-reino e tempere o frango dos dois lados com a mistura.

5 Transfira-o, com a pele para cima, para uma assadeira pequena, pouco maior que o frango. Asse durante 40 minutos, banhando o frango com os sucos da assadeira a cada 10 minutos, ou até que ele doure e um termômetro inserido na parte mais grossa do peito, sem tocar o osso, registre 75° C. Transfira-o para uma travessa e deixe-o descansar por 10 minutos.

6 Enquanto isso, coe o caldo em uma jarra medidora com 2 xícaras de capacidade. Deixe descansar por 2 minutos e remova a gordura que estiver na superfície.

7 Remova a gordura da assadeira, mantendo os sucos. Coloque-a sobre a boca do fogão em fogo médio-baixo e aqueça até ferver. Adicione 1 xícara do caldo (guarde o restante para outra receita) e deixe ferver, raspando com uma colher de madeira as partes que grudarem no fundo. Ferva por 5 minutos ou até que o caldo esteja reduzido pela metade. Retire do fogo e adicione a manteiga gelada. Tempere o molho na assadeira com sal e pimenta-do-reino e transfira-o para uma molheira aquecida.

8 Usando a tesoura de trinchar, corte o frango em pedaços. Sirva-o quente, com o molho à parte.

Dicas para o frango desossado assado com ervas

- Desosse e abra o frango para diminuir o tempo de forno e obter maior quantidade de pele crocante e dourada.

- Use os miúdos e o dorso para preparar um caldo rápido.

- Pique o alho junto com o sal para formar uma pasta saborosa.

- Misture ervas secas com salsinha fresca para realçar-lhes o sabor.

Dicas divinas para fritura por imersão

Nenhuma técnica culinária dá uma crocância tão irresistível aos alimentos quanto a fritura por imersão. Como ela também é um dos métodos menos usados, seguem algumas dicas importantes:

1 Escolha a panela certa. Para fritar da maneira adequada, o alimento deve ser estar submerso em 5 a 7 cm de óleo quente. Escolha uma panela com pelo menos 15 cm de profundidade, evitando assim que o óleo borbulhante transborde. Panelas de ferro fundido (esmaltadas ou não) são uma boa opção, porque mantêm bem o calor.

2 Use um bom óleo de cozinha. Pode ser de canola, de semente de algodão, de cártamo ou uma mistura genérica de óleos vegetais. Tudo depende do ponto de fumaça do óleo (a temperatura em que ele começa a produzir fumaça e a se decompor), e o óleo de amendoim, embora seja caro, é o mais indicado. No entanto, os alimentos não devem ser fritos por imersão em temperaturas acima de 200° C, porque queimarão antes de fritar por igual. A maioria dos óleos de cozinha atinge ponto de fumaça em torno de 220° C (exceto o azeite de oliva), então, se você estiver fritando na temperatura adequada, o ponto de fumaça não importa.

3 Não reutilize o óleo que foi usado para fritura por imersão. Esse é outro motivo para usar um com preço razoável. Embora você possa coar o óleo frio para reutilizá-lo mais uma ou duas vezes, com certeza vai acabar transferindo sabores indesejados para os alimentos, e o frescor do óleo obviamente é reduzido durante o armazenamento. Resumindo, você não deve fritar salgadinhos no mesmo óleo que usou para fritar peixe. Simplesmente inclua o preço do óleo no custo da receita e descarte-o depois de usar.

4 Use um termômetro para fritura por imersão. É a única maneira de obter uma leitura precisa da temperatura do óleo. Certifique-se de que a ponta do termômetro esteja totalmente submersa. Mantenha o fogo alto para que a temperatura correta seja conservada.

5 Para reduzir odores, faça a fritura em um local aberto. Não existe uma maneira confiável de evitar odores causados pela fritura dentro de casa. Mas, quando o clima ajudar, use sua fritadeira elétrica na varanda ou no quintal.

6 Deixe o óleo voltar à temperatura correta entre uma fritura e outra. Na maioria dos casos, você pode inserir o alimento no óleo a 190º C, mas a temperatura cairá para aproximadamente 170º C durante a fritura propriamente. Após remover o alimento, deixe o óleo esquentar em fogo alto até atingir a temperatura inicial.

7 Use uma escumadeira em forma de rede para retirar os alimentos do óleo. Também chamadas de aramadas, as escumadeiras de trama larga são melhores para escorrer o óleo que as de furos. São bastante usadas na culinária asiática, então, em lojas de utensílios de cozinha, procure por elas perto das panelas wok.

8 Não escorra frituras sobre papel. A maioria dos cozinheiros usa papel-toalha ou pardo para absorver a gordura dos alimentos fritos. Mas, em contato com o papel, a cobertura crocante pode amolecer: o vapor se acumula no ponto de contato, não tem para onde ir e acaba ficando na cobertura. Para um resultado mais crocante, escorra o alimento em uma grade colocada sobre uma assadeira, para que o alimento entre em contato apenas com a grade metálica.

9 Mantenha alimentos fritos quentes dentro do forno antes de servir. O ideal é servir as frituras assim que saem da panela, o que nem sempre é possível quando se fritam grandes quantidades de alimento. Depois de colocar o alimento sobre a grade (em cima da assadeira), deixe tudo dentro do forno preaquecido a 90° C por até 10 minutos.

10 Adicione sal apenas na hora de servir. O sal pode amolecer as batatas fritas e outros alimentos, então, para evitar que percam a crocância, tempere-os com sal no último minuto.

Frutas cítricas

Época: o ano todo, principalmente no verão

Raspas de cascas de frutas cítricas adicionam sabor e aroma a muitas receitas, de vinagretes e molhos a bolos e biscoitos. Um raspador de frutas cítricas é o utensílio perfeito. Os orifícios pequenos de um ralador comum também funcionam. Outros tipos de raladores removem a casca em fios ou fitas, o que pode ser preferível no caso de decorações. Os óleos aromáticos da casca evaporam com o tempo, então raspe-a imediatamente antes de usar.

Muitas frutas cítricas cultivadas da maneira tradicional são cobertas por corantes que talvez não sejam certificados como atóxicos. Por precaução, use frutas orgânicas bem lavadas e secas quando precisar ralar as cascas.

Depois de espremer o suco de limões, laranjas ou toranjas, não jogue as cascas no lixo. Se você tiver um triturador de lixo em sua pia, jogue-as ali. O aroma cítrico deixará o ralo cheiroso.

> Ao ralar cascas de frutas cítricas, remova apenas a superfície colorida, e não a parte branca, que é amarga.

Frutas frescas

A época das frutas e legumes aqui descrita são as estações tradicionais de plantio e colheita no país, mas, graças às importações, a maioria das frutas e legumes está à venda durante praticamente o ano todo. Para obter o melhor sabor, compre frutas da época, de fornecedores locais.

Muitas vezes somos forçados a comprar frutas que ainda não estão maduras. Abacates, melões e tomates são as vítimas mais comuns. (Sim, o tomate é uma fruta, não um legume.) Maçãs e bananas emitem gás etileno, o que pode ajudar a acelerar o amadurecimento de outras frutas. Coloque as frutas verdes em um saco de papel junto com duas ou três maçãs ou bananas. Feche o saco sem lacrá-lo, para prender o etileno, mas deixando um pouco de oxigênio entrar, e espere 1 ou 2 dias até que as frutas tenham amadurecido o suficiente.

Todas as frutas, mesmo as com casca grossa, como a banana e o melão, devem ser bem lavadas em água corrente antes de ser consumidas, para remover o máximo possível de bactérias.

Veja a tabela na página 317 para recomendações sobre quando comprar produtos orgânicos.

Ver também Abacate, Banana, Caqui, Cereja, Frutas cítricas, Frutas silvestres, Maçã, Manga, Melão, Pera, Pêssego, Romã, Tomate

Frutas oleaginosas

Em virtude de seus óleos naturais, as frutas oleaginosas podem ficar rançosas mais rapidamente que outros alimentos. Guarde-as em sacos plásticos com lacre, na geladeira ou no freezer. Refrigeradas, elas duram cerca de 3 meses e, congeladas, até 1 ano.

....

Quando uma receita pedir frutas oleaginosas picadas, você pode quebrá-las no almofariz. Os formatos irregulares resultantes darão textura ao prato. Ou pode ainda picá-las em uma tigela de inox com um misturador de massa com lâminas rígidas. O processador também funciona, mas use a tecla pulsar para evitar que virem pó.

....

Use o forno elétrico para tostar frutas oleaginosas para usar em receitas. Ele aquece rapidamente, assim você deixa o forno maior livre para outras funções. Você também pode tostá-las no micro-ondas (na potência alta por cerca de 1 minuto para 1 xícara de frutas oleaginosas inteiras). No entanto, é difícil saber quando estão prontas, pois o aroma indicará que estão tostadas, embora não estejam douradas.

Ver também **Amêndoa, Avelã**

Frutas secas

Frutas secas têm sabor mais intenso que as frescas, por isso são a melhor opção para usar em receitas. Use frutas secas úmidas e maleáveis, caso contrário absorverão a umidade da massa. Se estiverem secas demais, deixe-as de molho em água morna por 15 minutos, escorra bem e seque com papel-toalha. Pique as frutas em pedaços do tamanho de um mirtilo. Pedaços muito grandes e pesados de frutas afundarão na massa, mesmo se passados na farinha.

Para picar frutas secas no processador, congele-as parcialmente para evitar que grudem muito e borrife a lâmina e a tigela com óleo sem sabor. Pulse de 1 a 2 segundos por vez para que fiquem do tamanho desejado.

Groselhas secas não são feitas com groselhas frescas, mas com pequenas uvas zante, originalmente cultivadas na ilha grega de mesmo nome.

Frutas silvestres

Época: de novembro a março (framboesa), de junho a outubro (morango), de novembro a abril (mirtilo)

Os morangos perdem a cor vermelha quando cozidos e podem ficar pálidos e feios. Cozinhe-os com outras frutas silvestres vermelhas, como framboesas ou cerejas, para que o suco delas possa colorir os morangos.

....

Para obter fatias perfeitas de morango para saladas ou para cobrir tortas, remova o cabinho das frutas maiores e corte-as com um fatiador de ovos.

....

Quando mirtilos entram em contato com uma massa que contenha ingredientes alcalinos, como fermento em pó ou bicarbonato de sódio, as frutas podem desenvolver manchas verdes nada atraentes. Os ácidos evitam que isso aconteça, então use uma receita que leve um líquido ácido, como buttermilk ou iogurte.

....

Aproveite a época das frutas silvestres, quando estão mais saborosas e baratas, para congelá-las e usá-las quando precisar. Espalhe as frutas em uma assadeira com bordas, sem que uma encoste na outra, e leve-as ao freezer até congelar, por cerca de 1 hora. Transfira-as para um saquinho plástico, e elas podem ficar congeladas por até 6 meses. Não descongele as frutas antes de adicioná-las à massa.

Gelatina em pó sem sabor
Gengibre
Glacê de manteiga
Gorduras e óleos
Grade de resfriamento
Hambúrguer
Iogurte
Liquidificador

Gelatina em pó sem sabor

Sempre polvilhe a gelatina sobre um líquido frio (cerca de 2 colheres de líquido para cada colher de gelatina em pó) em uma tigela pequena e resistente ao calor, para hidratá-la antes de usar.

....

Para dissolver completamente a gelatina amolecida, coloque-a em líquido quente em fogo baixo por pelo menos 1 minuto, mexendo sempre. Pode parecer tempo demais, mas um tempo menor pode deixar a gelatina granulada. Outra maneira é aquecê-la no micro-ondas, na potência média, em intervalos de 10 segundos, até que a mistura fique líquida, depois mexer bem até que ela se dissolva. De qualquer maneira, não deixe a mistura ferver, ou a gelatina perderá a capacidade de endurecer.

Gengibre

Em vez de picar gengibre para fazer um refogado, rale-o nos orifícios médios de um ralador tradicional. Você não vai precisar descascar o gengibre, e o ralador também vai remover a maioria dos "pelos" dessa erva.

....

Use a ponta de uma colher de chá para raspar a casca do gengibre fresco. A ponta da colher consegue alcançar cantinhos que o descascador de legumes não consegue.

. . . .

Pode ser difícil picar gengibre cristalizado, porque ele gruda na faca. Para que isso não aconteça, unte levemente a lâmina com óleo sem sabor. Ou, se a receita também levar açúcar, pique o gengibre no processador com um pouco do açúcar. Ele vai cobrir o gengibre e evitar que grude.

Glacê de manteiga

O glacê de manteiga é a cobertura ideal para bolos: é cremoso e doce, com uma textura que derrete na boca e complementa perfeitamente o bolo. Ele tem uma base de merengue, preparada com calda de açúcar. Uma versão rápida e maravilhosa, tão boa quanto o glacê tradicional, pode ser feita com creme de marshmallow, que possui ingredientes quase idênticos aos do merengue.

. . . .

Para fazer **glacê de manteiga rápido**, deixe 1½ xícara (300 g) de manteiga sem sal em temperatura ambiente. Coloque 200 g de creme de marshmallow na tigela da batedeira. Adicione a manteiga, 1 colher por vez, e bata em velocidade média até a mistura ficar homogênea. Rende 3 xícaras de glacê.

....

Esse glacê rápido é fácil de saborizar. Para um sabor cítrico, adicione raspas da casca de 1 laranja ou de 2 limões. Para glacê de chocolate, adicione 120 g de chocolate amargo derretido e morno.

Gorduras e óleos

Para uma medida precisa, meça gorduras semissólidas, como gordura vegetal e pasta de amendoim, em xícara medidora que não seja de vidro. Nivele a gordura vegetal com uma faca para que fique no nível da borda da xícara. Para limpar mais fácil depois, forre a xícara com filme plástico antes de adicionar a gordura.

....

Se você compra óleo de cozinha em latas grandes, transfira-o para um recipiente menor para facilitar o manuseio. Garrafas de plástico com tampa são ótimas. Como o óleo dura mais em ambientes escuros, compre garrafas coloridas, não transparentes.

....

Quando seu óleo de castanhas tiver acabado, veja como fazer um substituto: processe ½ xícara de amêndoas, nozes, pistaches ou avelãs torrados e picados e ½ xícara de óleo de canola (ou outro óleo sem sabor) no liquidificador até que as castanhas estejam pulverizadas.

Deixe descansar por 10 minutos, depois passe a mistura em uma peneira fina. Você terá cerca de ½ xícara de óleo de castanhas.

....

A manteiga tem 80% de gordura e, quando batida, pode reter muitas bolhas de ar. O óleo é 100% gordura e não retém bem as bolhas de ar. Receitas que levam óleo em vez de manteiga são mais macias e densas, porque os fermentos químicos dependem das bolhas de ar para agir.

....

Descarte o óleo usado na cozinha em locais específicos para a coleta desse resíduo, em vez de jogá-lo no ralo da pia. Você também pode colocar a gordura na geladeira para que fique sólida e então jogá-la no lixo.

Ver também **Azeite de oliva, Manteiga**

Grade de resfriamento

Deixe o bolo que acabou de sair do forno esfriar dentro da forma sobre uma grade, que permite que o ar circule sob a forma e o bolo esfrie mais rápido. Na maioria dos casos, não desenforme o bolo antes que ele tenha esfriado por pelo menos 30 minutos, ou ele pode se partir. As exceções são bolos bundt, que devem ser desenformados depois de esfriarem por 10 minutos, e bolos à base de claras, que devem esfriar completamente antes de ser removidos das formas.

....

Se seu forno tiver três grades, não tente usar as três ao mesmo tempo. Costuma ser muito difícil conferir o que está sendo assado em todas elas. Em vez disso, coloque uma delas em sua bancada de trabalho para servir como grade extra de resfriamento.

Hambúrguer

Você pode fazer um hambúrguer macio e suculento se escolher a carne moída adequada. A quantidade de gordura contribui diretamente para a suculência, então, quanto mais magra for a carne, mais seco ele será. Alguns produtos embalados dizem qual corte da carne foi usado; outros indicam a porcentagem de gordura na carne; e outros fazem as duas coisas. Eis alguns tipos de carne para hambúrguer:

....

Patinho moído. Com apenas 7% de gordura, essa é a carne moída mais magra, mas pode resultar em um hambúrguer denso caso passe do ponto. Para evitar que fique seco, adicione 2 colheres (sopa) de um condimento úmido, como molho teriyaki, pesto, mostarda, ketchup ou maionese, para cada 500 g de patinho moído.

....

Coxão mole moído. Uma ótima escolha para hambúrgueres, contém 15% de gordura.

....

Acém moído. A carne moída preferida de muitos fãs de hambúrgueres possui um teor de gordura relativamente alto (20%), o que resulta em um hambúrguer suculento e saboroso.

....

Algumas pessoas preferem fazer hambúrgueres com peru ou frango moídos. Como ambos precisam ser totalmente cozidos, é preciso tomar cuidado para que não ressequem. Você pode deixá-los mais úmidos adicionando um dos ingredientes sugeridos para o patinho moído e 2 colheres (sopa) de farelo de pão ou farinha de rosca. À medida que a carne aquece e a gordura derrete, o farelo de pão absorve e retém a gordura que sairia do hambúrguer.

....

Hambúrgueres encolhem durante o cozimento, e um hambúrguer cru com o formato perfeito pode acabar ficando não tão perfeito assim. Para evitar que isso aconteça, pegue 150 g de carne moída e faça um hambúrguer de 10 cm de diâmetro, depois faça uma fenda de 5 cm de largura e 2,5 cm de profundidade em cima dele. Enquanto a carne cozinha, a fenda vai equilibrar o encolhimento.

....

Nunca pressione o hambúrguer para acelerar o cozimento. Isso vai provocar a saída da gordura e dos sucos que o deixam saboroso.

Ver também **Carne bovina**

Iogurte

O iogurte do tipo grego (que nem sempre é importado da Grécia) é mais espesso que o comum. Você pode obter algo parecido escorrendo o excesso de soro do iogurte comum. Para obter 1 xícara do iogurte do tipo grego, forre uma peneira com papel-toalha, coloque-a sobre uma tigela e adicione 2 xícaras de iogurte comum à peneira forrada. O fundo da peneira deve ficar a pelo menos 2,5 cm do fundo da tigela. Refrigere por pelo menos 2 horas, ou até que o iogurte esteja com metade do volume original.

Liquidificador

É melhor usar o liquidificador em vez do processador de alimentos em receitas que levam muitos líquidos, como sopas, coquetéis com gelo, vitaminas ou vinagretes, porque o líquido pode acabar vazando pelo orifício central da tigela do processador.

....

Ao bater alimentos quentes no liquidificador, deixe a tampa entreaberta para que o vapor saia e ligue o aparelho na velocidade mais baixa. Caso contrário, quando o liquidificador for ligado, o vapor preso vai explodir e espirrar comida quente para todo lado.

Ver também **Mixer de imersão**

Liquidificador

195

Maçã
Maçarico culinário
Macarrão
Mandolin
Manga
Manteiga
Manteiga, dicas divinas para amolecer
Máquina de pão
Marinada
Massa de torta
Massa filo
Medidas
Mel
Melado
Melão e melancia
Mexilhão
Mixer de imersão
Moedor de café
Molhos
Molhos para carne
Molhos para salada
Morim
Muffins
Óleo de cozinha em spray
Ostra
Ovo

Maçã

Época: praticamente o ano todo

As maçãs estão disponíveis por longos períodos porque uma parte de quase todas as colheitas é conservada em câmaras frias para a venda em meses posteriores. Frutas importadas, principalmente da Argentina, são vendidas no restante do ano.

....

É provável que o supermercado de sua preferência ofereça grande variedade de maçãs. Todas são boas para o consumo, mas os cozinheiros querem saber quais mantêm a forma quando usadas como recheio de torta. Variedades confiáveis incluem a granny smith (embora fique acinzentada durante o cozimento) e a golden delicious.

....

Quando fatiadas e expostas ao ar, as maçãs oxidam e escurecem. A maioria dos cozinheiros já sabe que misturar as fatias de maçã com suco de limão impede a oxidação. Mas o que talvez você não saiba é que não deve esperar até fatiar tudo para adicionar o suco de limão. À medida que você for descascando, retirando o miolo e fatiando as maçãs, interrompa o processo de vez em quando para umedecer os pedaços com suco de limão, senão as primeiras maçãs que cortar vão escurecer antes que você termine de fatiar a última.

....

Outros líquidos ácidos podem ser usados para impedir que as maçãs escureçam. Ao preparar uma salada de frutas, molhe as fatias com algumas colheres de vinho branco – seco ou meio seco – ou com suco de abacaxi. Além disso, as maçãs cortland e golden delicious não oxidam tão rapidamente quanto as outras variedades.

....

Quando você leva uma torta de maçã ao forno, ela está repleta de maçãs cruas fatiadas. Enquanto a torta assa, as maçãs murcham, e um espaço se forma entre a massa que cobre a torta e o recheio. Para que o recheio não murche, cozinhe as maçãs primeiro. Veja torta de maçã altíssima (página 210) para a receita completa.

Maçarico culinário

Esse pequeno, mas poderoso maçarico, que usa gás butano, é utilizado para caramelizar rapidamente o açúcar do crème brûlée, mas também tem outras aplicações. Use-o para queimar a pele de pimentões, tostar marshmallows, dourar merengue em tortas ou derreter queijo em bruschettas. Quando uma sobremesa fria, como cheesecake ou pudim, não se soltar facilmente da forma, use o maçarico para aquecer o fundo do recipiente (é claro, apenas se o recipiente não for inflamável).

....

Para saber como fazer a cobertura perfeita para um crème brûlée, ver **Açúcar**.

Macarrão

A massa do macarrão não tem sal, então não deixe de adicionar esse ingrediente à água do cozimento. Primeiro, use bastante água: cerca de 4 litros para 500 g de macarrão. Como o sal faz com que a água demore um pouco para ferver, adicione-o somente depois que ela estiver fervendo. Use 1 colher (chá) cheia para cada litro de água. Não é preciso medir. Em vez disso, prove a água. Você tem que conseguir sentir o sal.

....

Sempre sirva o macarrão em tigela aquecida. Coloque a tigela na pia e ponha o escorredor dentro dela. Escorra o macarrão, deixando a água cair dentro do recipiente. Levante o escorredor, sacuda bem para escorrer mais, depois volte o macarrão na panela ainda quente. Adicione o molho e misture. Jogue a água da tigela fora e seque-a. Transfira o macarrão para o recipiente aquecido e sirva.

Mandolin
(fatiador de legumes)

O mandolin é um dos melhores equipamentos que existem para fatiar, e com a prática você vai aprender a manejá-lo bem. Um fatiador de plástico em forma de

V lembra um mandolin, mas possui menos opções de regulagem e lâminas de metal removíveis. É um ótimo substituto por um preço mais baixo.

....

Não seque as lâminas do mandolin com toalha, pois os fiapos podem ficar presos ali. Em vez disso, deixe as lâminas secarem sozinhas no escorredor.

Manga
Época: de setembro a janeiro

As mangas têm um caroço grande e achatado, o que dificulta o corte. Coloque a manga na bancada de trabalho de modo que fique equilibrada. Use uma faca afiada para cortar a parte de cima da fruta, logo acima do caroço. Vire a manga e corte o outro lado. Com uma colher de metal grande, raspe a polpa da manga de cada metade em um único pedaço. Agora a manga descascada pode ser picada ou fatiada. A parte do caroço pode ser removida com uma faca pequena, e o cozinheiro pode ainda degustar a polpa presa ao caroço.

....

Para ficarem mais doces, as mangas devem amadurecer até ficar ligeiramente macias ao toque (ver **Frutas frescas** para dicas sobre amadurecimento). Não se preocupe se você não tiver uma manga macia e madura o suficiente. Existem muitas receitas indianas salgadas que utilizam mangas ainda verdes.

Manteiga

Confeiteiros profissionais preferem usar manteiga sem sal por vários motivos. O sal pode ocultar sabores estranhos, então a manteiga sem sal tem necessariamente de ser mais fresca que a salgada. Além disso, a manteiga sem sal permite que o confeiteiro adicione a quantidade de sal que desejar. (100 g de manteiga podem conter de ¼ a ½ colher (chá) de sal, dependendo do fabricante.) Como o sal age como conservante, a manteiga sem sal fica rançosa mais rapidamente que a salgada, então use-a dentro do prazo de validade ou congele-a para que dure mais tempo. Caso precise usar manteiga com sal, omita o sal da receita.

....

Manteiga fermentada, às vezes rotulada de "estilo europeu", é feita com creme de leite fermentado, o que lhe confere maior acidez. Além disso, geralmente contém mais gordura (de 84% a 88%) que a manteiga comum. É uma ótima maneira de conferir mais cremosidade a receitas conhecidas e é deliciosa para passar no pão.

....

A manteiga absorve sabores instantaneamente. Guarde-a na geladeira em saco plástico com lacre ou outro recipiente hermético para evitar esse problema. Use manteiga sem sal no prazo de 1 mês ou congele-a, envolvendo-a em papel-alumínio, por até 4 meses.

....

Para receitas que pedem manteiga derretida, como panquecas ou alguns muffins, use manteiga escura para que o sabor fique mais marcante. Derreta a manteiga em uma panela pequena em fogo médio e deixe ferver por 3 minutos, ou até que os sólidos do leite no fundo da panela fiquem marrons. Passe a manteiga escura imediatamente para uma tigela pequena para interromper o cozimento. Deixe esfriar um pouco, mas utilize-a enquanto ainda estiver líquida.

....

Algumas receitas pedem manteiga clarificada, na qual os sólidos do leite são removidos da manteiga derretida. (Na culinária indiana, esse tipo de manteiga se chama ghee.) Os sólidos do leite queimam com facilidade, então sua remoção permite que a manteiga seja aquecida em temperaturas mais altas sem queimar. Em uma panela pequena, coloque 100 g de manteiga sem sal para ferver em fogo médio. Abaixe o fogo e deixe a manteiga cozinhar por 1 minuto, sem que ela escureça. Retire do fogo e deixe-a descansar por 2 minutos. Remova a espuma da superfície. Coloque a manteiga amarelo-clara em uma tigela pequena, deixando os sólidos do leite na panela. Você terá cerca de ⅓ xícara (chá) de manteiga clarificada.

Dicas divinas para amolecer manteiga

A manteiga amolecida da maneira correta é um dos segredos de um bom resultado ao assar pães e tortas, porque ela permite a adição de bolhas de ar, que, ao se misturarem com fermento em pó ou bicarbonato de sódio, se expandirão no forno, fazendo com que a massa cresça. A temperatura correta é entre 18° e 20° C. Se você precisar usar manteiga, mas se esqueceu de tirá-la da geladeira com antecedência, aqui estão cinco maneiras de amolecer manteiga gelada rapidamente:

1 Rale a manteiga sobre a tigela usando um ralador grosso.

2 Corte a manteiga em pedacinhos e espalhe-os em um prato, colocando-o ao lado do forno por 20 minutos, enquanto este preaquece.

3 Em uma tigela, sove a manteiga em cubos com as mãos até que fique maleável.

4 Coloque o tablete de manteiga em um saco plástico lacrado e bata nele com um rolo de abrir massa até que amoleça.

5 Coloque a manteiga e o açúcar na tigela da batedeira e bata em velocidade baixa até a manteiga amolecer, depois aumente a velocidade e bata até virar um creme. Não tente bater manteiga gelada com batedeira portátil: é uma boa forma de queimar o motor.

Máquina de pão

Exceto por você ter de medir os ingredientes, a máquina de pão faz todo o trabalho, resultando em um pão fresquinho. Se quiser assar o pão com formatos diferentes no forno, você pode usar a máquina para misturar, sovar e descansar a massa durante a primeira etapa de crescimento. Use um timer para não se esquecer de retirar a massa depois do período de descanso. Então, retire-a, dê-lhe o formato desejado e deixe que cresça novamente antes de levá-la ao forno.

Marinada

Não importa por quanto tempo a carne fique de molho, a marinada penetra apenas cerca de 3 milímetros na carne. Se você quiser que o sabor atinja a carne toda, use um injetor de marinada.

....

Quando se fala em marinar, mais tempo não significa necessariamente melhor. Você costuma ler por aí que marinadas amaciam a carne, mas isso não acontece. Os ácidos da mistura amaciam apenas a parte externa da carne. Carne marinada por muito tempo ficará com textura de algodão na superfície. Para melhores resultados, marine alimentos durante o tempo indicado. Filés e bistecas de carne bovina e de porco e coste-

Marinada

letas de carneiro podem ser marinados de 4 a 12 horas; peças maiores, de 12 a 24 horas. Um frango inteiro pode ser marinado de 6 a 12 horas, e pedaços de frango, de 4 a 8 horas. Peixes e crustáceos, que possuem carne delicada, devem ser marinados de 30 minutos a 1 hora.

....

O vinho é um ingrediente comum em marinadas, mas, se ele ficar em contato com o alimento por muito tempo, o álcool pode mudar sua textura, da mesma forma que os ácidos "cozinham" peixes firmes em um ceviche. Cozinhar a marinada primeiro vai reduzir a quantidade de álcool, o que significa que o alimento poderá ficar de molho por mais tempo. Você pode usar essa dica em qualquer marinada à base de vinho, mas ela é especialmente importante em ensopados com pedaços de carne relativamente pequenos.

....

O óleo é usado na maioria das marinadas para grelhados, mas é mais importante como lubrificante, evitando que o alimento grude na grelha, do que para realçar o sabor. Quando o alimento é grelhado, a marinada costuma pingar sobre a fonte de calor (carvão ou bicos de gás), e o óleo pode aumentar as chamas. Reduza a quantidade de óleo de todas as suas receitas de marinada para no máximo um quarto do volume total e use óleo aromatizado para dar sabor além de lubrificar o alimento.

....

Marinar o alimento antes de grelhar reduz bastante a quantidade de amino-heterocíclicos (AHs), toxinas prejudiciais resultantes do cozimento em altas temperaturas. Estudos mostram que mesmo 1 minuto em marinada pode fazer uma diferença significativa. Use uma marinada rala que encubra totalmente a carne. Molhos industrializados espessos e doces aumentam o nível de AH, porque incentivam a carbonização.

....

Um saco plástico com lacre é o melhor recipiente para marinar, porque a mistura cobre o alimento de modo mais uniforme que em outros recipientes. Tenha à mão sacos plásticos grandes (de cerca de 10 litros) para marinar peças maiores, como paleta de porco inteira, duas metades de peito bovino ou três frangos em pedaços.

Massa de torta

Pode ser difícil determinar a quantidade exata de água a ser usada em uma massa de torta. A massa à base de cream cheese (ver página 210) é ótima para iniciantes, porque o queijo fornece a mesma quantidade de umidade todas as vezes. E a massa também é fácil de abrir. Até confeiteiros experientes encontram muitas vantagens nessa massa.

....

Massa de torta

Não refrigere a massa de torta até ficar dura como pedra. Pode parecer conveniente preparar a massa com 1 dia ou mais de antecedência, mas ela endurece tanto que acaba ficando difícil de abrir. Em vez disso, refrigere a maioria das massas por 1 ou 2 horas, só o tempo suficiente para que o glúten relaxe e a massa fique fria, sem perder a textura maleável. Se for refrigerada até ficar dura, deixe-a em temperatura ambiente de 15 a 20 minutos para aquecer levemente antes de abrir.

....

As massas de torta costumam ser assadas parcialmente, sem o recheio. Para fazer isso, cubra a massa com papel-alumínio, coloque pesos para torta de alumínio ou cerâmica sobre ele (ou mesmo feijões secos) e asse até que ela esteja levemente dourada e firme o bastante para que o papel-alumínio e os pesos possam ser removidos sem grudar. O segredo aqui é usar papel-alumínio bem resistente. Aquele mais comum pode rasgar quando os pesos forem removidos. Papel-manteiga também funciona.

....

Confeiteiros experientes sabem quando já abriram uma massa redonda no diâmetro correto. Para os demais, uma guia ajuda muito. Polvilhe a superfície de trabalho com farinha de trigo. Pegue uma régua e use-a para ajudar a desenhar um círculo de 30 cm na farinha com o dedo. Esse é o tamanho perfeito para uma forma tradicional de torta, de 23 cm.

....

Às vezes, as bordas da massa precisam ser protegidas para não dourarem demais. Em vez de protegê-las cobrindo a borda da forma com papel-alumínio, experimente isto: rasgue um pedaço de papel-alumínio grande o bastante para cobrir a torta toda. Corte um grande X no meio do papel. Retire a torta do forno. Coloque o papel-alumínio sobre a torta e puxe as pontas do corte para expor o centro e cobrir as bordas da massa. Prenda o papel-alumínio sob a forma e leve-a de volta ao forno.

Torta de maçã altíssima

RENDE 8 PORÇÕES

A superfície alta e atraente de uma torta de maçã pode ser considerada um truque, já que as maçãs murcham, deixando um grande espaço entre o recheio e a massa. Pré-cozinhar as maçãs vai minimizar esse espaço e também concentrar o sabor da fruta. A massa com cream cheese facilita muito a montagem.

MASSA DE TORTA COM CREAM CHEESE

2 xícaras (chá) de farinha de trigo

¼ colher (chá) de sal

10 colheres (sopa) (140 g) de manteiga sem sal gelada, cortada em pedaços

170 g de cream cheese (não o light) em temperatura ambiente, cortado em pedaços de 2 cm

RECHEIO DE MAÇÃ

4 maçãs verdes

2 colheres (sopa) de suco de limão fresco

4 colheres (sopa) (55 g) de manteiga sem sal

½ xícara (chá) de açúcar

3 colheres (sopa) de farinha de trigo

¾ colher (chá) de canela em pó

CALDA PARA BRILHO

1 colher (sopa) de creme de leite ou leite integral

1 colher (chá) de açúcar

1 Para fazer a massa, coloque a farinha e o sal no processador e pulse rapidamente para misturá-los. Espalhe a manteiga e o cream cheese por cima e pulse cerca de 12 vezes, ou só até que a massa comece a se unir (pedaços de manteiga ainda estarão visíveis). Coloque a massa sobre uma superfície levemente enfarinhada e forme uma bola.

2 Divida a massa ao meio e faça um disco com cada metade. Embale cada disco com filme plástico e leve à geladeira até gelar, mas não a ponto de ficarem duros, de 1 a 2 horas.

3 Para preparar o recheio, descasque as maçãs e corte-as em quatro, removendo o miolo de cada pedaço. Fatie cada pedaço em três partes no sentido do comprimento e coloque-as em uma tigela grande. Ao adicionar as fatias de maçã à tigela, pingue suco de limão sobre elas e misture. (Não espere até que todas as frutas estejam cortadas para pingar o suco, ou as primeiras fatias já terão escurecido.)

4 Em uma frigideira grande, derreta 2 colheres (sopa) da manteiga em fogo médio-alto. Adicione metade das maçãs e ¼ de xícara do açúcar. Cozinhe, mexendo sempre, por cerca de 7 minutos, ou até que as maçãs estejam quase macias quando espetadas com um garfo. Transfira para uma assadeira grande, com laterais altas. Repita o mesmo processo com as 2 colheres de manteiga restantes, a outra metade das maçãs e o restante do açúcar. Se sua frigideira for menor que 30 cm, cozinhe a fruta em três porções. Deixe o recheio esfriar completamente, mexendo de vez em quando. Polvilhe a farinha e a canela por cima do recheio frio e misture bem.

5 Posicione uma grade no centro do forno e coloque uma assadeira sobre ela. Preaqueça-o a 180° C.

6 Enfarinhe levemente uma superfície de trabalho e desenhe um círculo de 30 cm na farinha. Esse círculo servirá como um guia perfeito para uma forma de torta tradicional, de 23 cm. Coloque um disco de massa no centro do círculo e polvilhe um pouco de farinha de trigo por cima. Usando o círculo na farinha como guia, abra a massa formando um círculo de 30 cm com cerca de 3 mm de espessura. Enrole a massa no rolo, centralize-o sobre a forma de torta e cuidadosamente desenrole o círculo de massa sobre a forma, forrando os fundos e as laterais e deixando o excesso cair sobre as bordas. Recheie com a mistura de maçã. Corte o excesso de massa, deixando uma borda de 1 cm. Abra a massa de torta restante em um segundo círculo de 30 cm. Transfira-o da mesma forma, centralizando-o sobre o recheio de maçãs. Dobre o excesso de massa do círculo superior sob a borda da massa inferior. Aperte para unir as massas, decorando as bordas com os dedos. Corte um pequeno orifício no centro da torta para permitir que o vapor saia. Leve ao congelador por 15 minutos ou à geladeira por 30 minutos.

7 Para dar brilho à torta, pincele a massa com o creme de leite ou leite e polvilhe o açúcar por cima.

8 Coloque a torta na assadeira quente e asse de 40 a 50 minutos, até que a superfície esteja bem dourada. Deixe esfriar sobre uma grade por pelo menos 1 hora. Sirva morna ou em temperatura ambiente.

Dicas para torta de maçã

- A massa de torta com cream cheese não precisa de água para ficar úmida, facilitando a obtenção do ponto correto.
- Não deixe a massa na geladeira até ficar dura como pedra, ou será difícil abri-la.
- Pingue suco de limão nas fatias de maçã à medida que forem sendo cortadas. Se esperar para pingar o suco em todas elas ao mesmo tempo, as primeiras ficarão escuras.
- Refogue as maçãs para minimizar seu encolhimento quando assarem.
- Lembre-se do mantra "massa fria, forno quente" e leve a torta para gelar antes de assar.
- Asse a torta sobre uma assadeira quente para deixar a base da torta crocante.

Massa filo

Para obter uma massa leve e crocante, tenha a mão leve ao untá-la com manteiga. Usar muita manteiga vai acabar deixando a massa pesada e encharcada. Utilize um pincel de cerdas macias para aplicar a manteiga derretida nas folhas de filo. Cerdas rígidas podem rasgar a massa.

....

Ao fazer camadas de massa filo untada numa assadeira, é uma boa ideia girar a forma 180 graus após colocar algumas folhas. A maioria das pessoas começa a untar sempre pelo mesmo canto, e uma simples rotação faz com que a manteiga fique distribuída de maneira mais uniforme.

....

Não asse demais a massa filo. Ela fica mais saborosa quando assada até dourar levemente, menos que outros tipos de massa. E asse-a em temperatura moderada, cerca de 180º C.

Medidas

Siga sempre uma das regras básicas da culinária: use xícaras medidoras opacas, de metal ou plástico rígido, para medir ingredientes secos, e xícaras de vidro ou plástico transparente, com bico, para líquidos. Use as mesmas colheres de medida para ingredientes secos e líquidos.

....

Tenha dois conjuntos de xícaras para ingredientes secos, xícaras de vários tamanhos para líquidos e dois conjuntos de colheres medidoras. Eles serão muito úteis, principalmente quando você estiver preparando uma refeição grande. Caso contrário, você terá de ficar lavando e secando utensílios de medida para cozinhar.

....

Existe uma polêmica em relação ao método adequado de medir farinha de trigo: "mergulhar e nivelar" ou "encher às colheradas e nivelar". Leia as informações iniciais do livro de receitas que estiver usando para checar qual é o método do autor. Neste livro, usamos o método "mergulhar e nivelar".

....

Para medir farinha de trigo (e muitos outros ingredientes secos) pelo método "mergulhar e nivelar", mergulhe a xícara dentro do recipiente de farinha e retire-a cheia, com farinha acima da borda. Certifique-se de que não há bolhas de ar, mas não pressione o conteúdo. Remova o excesso com uma faca ou espátula de metal, nivelando com a borda da xícara.

....

Para medir farinha de trigo (e muitos outros ingredientes secos) pelo método "encher com colheradas e nivelar", primeiro misture a farinha para deixá-la aerada.

215

Medidas

Com uma colher, coloque o ingrediente na xícara medidora, evitando bolhas de ar, e remova o excesso, nivelando com a borda da xícara.

....

No caso de farinha de trigo peneirada, peneire a farinha sobre uma tigela ou pedaço grande de papel-manteiga. Com uma colher, coloque o ingrediente na xícara medidora, evitando bolhas de ar, e remova o excesso, nivelando com a borda da xícara.

....

Para medir líquidos, coloque a xícara medidora sobre a bancada ou sobre a mesa, adicione o líquido e abaixe-se para conferir a medida. Algumas xícaras para medir líquidos possuem o interior em ângulo, permitindo que você verifique a precisão da medida olhando dentro da xícara.

....

A balança de cozinha se tornou mais que um utensílio opcional. Muitos livros de receitas preferem pesar a farinha de trigo e outros ingredientes secos. E, como a internet está repleta de receitas de países que usam tanto o sistema métrico quando o imperial, uma balança que pese em onças e em gramas será muito útil.

Equivalências

Equivalência de volumes pequenos

Colheres de sopa	Xícaras	Mililitros
3 colheres (chá) = 1 colher (sopa)		
1 colher (sopa)		15 ml
2 colheres (sopa)	⅛ xícara	30 ml
4 colheres (sopa)	¼ xícara	60 ml
5 colheres (sopa) + 1 colher (chá)	⅓ xícara	80 ml
6 colheres (sopa)	⅜ xícara	90 ml
8 colheres (sopa)	½ xícara	120 ml
10 colheres (sopa) + 2 colheres (chá)	⅔ xícara	160 ml
12 colheres (sopa)	¾ xícara	180 ml
14 colheres (sopa)	⅞ xícara	210 ml
16 colheres (sopa)	1 xícara	240 ml

Equivalência de volumes grandes

Xícaras	Mililitros	Litros
1 xícara	240 ml	cerca de ¼ litro
2 xícaras	480 ml	cerca de ½ litro
3 xícaras	720 ml	cerca de ¾ de litro
4 xícaras	960 ml	cerca de 1 litro
6 xícaras	1.440 ml	cerca de 1½ litro
8 xícaras	1.920 ml	cerca de 2 litros
16 xícaras	3.840 ml	cerca de 4 litros

Equivalência de volume e peso para ingredientes comuns
(valores arredondados)

Ingrediente	Gramas por xícara
INGREDIENTES SECOS	
Açúcar, cristal, havaiano cru ou turbinado	240
Açúcar cristal grosso	250
Açúcar de bordo	150
Açúcar de confeiteiro (encher às colheradas e nivelar)	120
Açúcar de confeiteiro (peneirado)	90
Açúcar demerara	225
Açúcar granulado ou refinado (mergulhar e nivelar)	210
Açúcar mascavo (compactado na xícara)	240
Aveia em flocos	90
Aveia em flocos finos	105
Buttermilk em pó (mergulhar e nivelar)	140
Cacau em pó, natural (encher às colheradas e nivelar)	90
Cacau em pó, natural (peneirado)	80
Cacau em pó, processo holandês (colheradas)	120
Cacau em pó, processo holandês (peneirado)	100
Farinha de trigo com fermento (colheradas)	135
Farinha de trigo com fermento (mergulhar e nivelar)	150
Farinha de trigo comum (encher às colheradas e nivelar)	135
Farinha de trigo comum (mergulhar e nivelar)	150

Farinha de trigo comum (peneirada)	100
Farinha de trigo integral (encher às colheradas e nivelar)	135
Farinha de trigo integral (mergulhar e nivelar)	150
Farinha de trigo para bolo (encher às colheradas e nivelar)	120
Farinha de trigo para bolo (mergulhar e nivelar)	135
Farinha de trigo para bolo (peneirada)	105
Farinha de trigo para pão (encher às colheradas e nivelar)	135
Farinha de trigo para pão (mergulhar e nivelar)	150
Gotas de chocolate	210
Gotas de chocolate, mini	195
Grãos de cacau	120
Leite em pó maltado	90

ADOÇANTES LÍQUIDOS/XAROPES

Mel	350
Melado	340
Xarope de bordo	345
Xarope de milho	345

LÍQUIDOS/LATICÍNIOS

Cream cheese	270
Crème fraîche, iogurte	240
Doce de leite	300
Geleia de damasco	320
Geleia de framboesa sem sementes	300

Leite, creme de leite, buttermilk, creme azedo	240
Leite condensado	315
Mascarpone	255

GORDURAS

Azeite de oliva, óleo de canola ou cártamo	225
Gordura vegetal hidrogenada	200
Manteiga	240

FRUTAS SECAS

Cereja	150
Cranberry	120
Damasco	150
Damasco turco	200
Figo	180
Groselha	150
Uva-passa	150

FRUTAS OLEAGINOSAS

Amêndoa crua, em lascas	135
Amêndoa crua, inteira	160
Amêndoa crua, picada	135
Amêndoa fatiada	90
Amendoim cru, inteiro	165
Amendoim cru, picado	150
Avelã crua, inteira	140

Avelã crua, picada	140
Coco ralado adoçado	105
Coco ralado seco, sem açúcar	70
Macadâmia crua, inteira	150
Macadâmia crua, picada	135
Noz-pecã crua, inteira	120
Noz-pecã crua, picada	120
Nozes cruas, metades	105
Nozes cruas, picadas	130
Pasta de amêndoas	300
Pasta de amendoim cremosa	195
Pinhão	150
Pistache cru, inteiro	130
Pistache cru, picado	135

Para determinar o peso desses ingredientes em onças, divida o valor em gramas por 28.

OBSERVAÇÃO: Alguns ingredientes não estão listados nesta tabela porque são usados em quantidades tão pequenas que é mais eficaz medi-los com uma colher medidora. Eles incluem fermento em pó, bicarbonato de sódio, sal e especiarias, entre outros.

Mel

Existem mais de trezentas variedades de mel, e algumas possuem sabores intensos. Isso é ótimo quando você quer que ele se destaque, como ao espalhar mel de castanhas ou de trigo-sarraceno sobre sorvete de creme para uma sobremesa rápida e sofisticada. Mas o mel errado pode se sobressair além da conta. Para cozinhar no dia a dia, um mel suave, como de florada de laranjeira, é a melhor escolha.

....

Geralmente, você pode julgar a intensidade do sabor do mel pela cor. O mel de cor clara é suave, e o de cor mais escura, mais forte.

....

O mel nunca estraga, mas cristaliza com o tempo. Para que ele retorne ao estado líquido, ferva água em uma panela e retire-a do fogo. Coloque o pote de mel na água e deixe-o ali, mexendo de vez em quando, por 15 minutos ou até que o mel volte a ficar líquido.

....

Você também pode aquecer o mel cristalizado no micro-ondas, mas tenha cuidado. Se ele estiver em um pote de vidro, remova a tampa antes de esquentá-lo. Não aqueça mel em potes de plástico, ou o pote pode derreter. E, como o mel aquece rapidamente no micro-ondas, use a potência média em ciclos de 10 segundos, mexendo após cada ciclo para verificar o progresso.

....

Mesmo depois que o mel cristalizado voltar a ficar líquido, ele voltará a cristalizar em algumas semanas. Apenas reaqueça-o novamente.

Melado

Forte, espesso e levemente amargo, o melado é um subproduto do refino do açúcar. Os cristais de açúcar são centrifugados para eliminar o líquido, que é coletado como melado. Ele pode ser de três tipos: suave (da primeira centrifugação), robusto (da segunda) e preto (da terceira e última). Os primeiros dois são intercambiáveis, você decide qual usar dependendo da intensidade de sabor de melado que deseja. O preto, no entanto, é muito amargo e nunca deve ser usado na culinária, a menos que especificado na receita (você pode encontrá-lo em alguns livros de receitas com alimentos orgânicos). O melado é um ingrediente ácido, e receitas que o incluem geralmente usam bicarbonato de sódio (alcalino) como neutralizador.

....

O dióxido de enxofre às vezes é usado no refino do açúcar para ajudar a soltar mais melado dos cristais. O enxofre contribui para o amargor do melado, portanto melado sem enxofre terá um sabor mais doce e costuma ser o preferido. Verifique o rótulo antes de comprar.

Melão e melancia

Época do melão: de março a outubro
Época da melancia: de outubro a janeiro

Depois de colhidas, as melancias não amadurecem, então você precisa comprar essa fruta já madura. Ao bater com os nós dos dedos na casca, você deve ouvir um som abafado, indicando que a melancia está cheia de suco. A melancia madura tem uma tonalidade bege na base (onde ficava encostada no solo), e uma fruta ainda verde tem a base esbranquiçada.

O melão cantaloupe e outros menores possuem aroma doce, e, quando a extremidade oposta ao talo é pressionada, ela deve ceder um pouco. No caso de melões de casca lisa (como o amarelo), é mais difícil determinar se estão maduros, mas uma coloração viva e intensa é um bom indicativo. Esses melões ficam mais macios e suculentos quando maduros, mas não necessariamente mais doces, portanto escolha com cuidado.

Mexilhão

Deixe os mexilhões de molho antes de cozinhar para ajudá-los a expelir a areia. Primeiro, escove-os bem sob água fria corrente para remover qualquer sujeira da superfície. Depois, coloque-os em uma tigela grande com água gelada levemente salgada e deixe-os de molho por 1 hora. Escorra bem e prossiga com a receita. Isso também funciona com mariscos.

Tradicionalmente, os mexilhões selvagens possuem "barba", um cordão grosso e fibroso que o molusco usa para se fixar em rochas ou estacas. A melhor maneira de removê-la é, com um alicate, puxá-la firmemente para baixo, na direção de onde as conchas se unem. Mexilhões cultivados não têm barbas.

Mixer de imersão

O mixer de imersão é ótimo para preparar sopas e patês, fazer vitaminas e milk-shakes e bater molhos para salada. Se seu pudim ou molho à base de ovos ficou quente demais e corre o risco de talhar, use o mixer de imersão para torná-lo homogêneo novamente. Use uma panela ou tigela relativamente funda para evitar sujeira.

Moedor de café

É claro que um moedor de café mói grãos de café, mas também pode moer especiarias. Como os grãos de café, as especiarias ficam mais saborosas quando moídas na hora. Para evitar a mistura de sabores, equipe sua cozinha com dois moedores, um para café e outro para especiarias.

....

Especiarias moídas deixarão sabor e aroma no moedor. Para limpá-lo, adicione um punhado de arroz cru ao recipiente (açúcar comum também serve) e moa até virar pó. O arroz vai absorver os resíduos de especiarias durante a moagem. Descarte o arroz moído e use um pincel seco para remover o pó que ficar no recipiente.

Molhos

O molho holandês (e seus primos, como o béarnaise) é delicado e geralmente é mantido aquecido em banho-maria. Mas, se a água estiver quente demais, o molho pode aquecer muito e talhar. Para mantê-lo quente e homogêneo por até 1 hora, transfira-o para uma garrafa térmica de boca larga. Primeiro, encha a garrafa térmica com água quente para aquecê-la, depois descarte a água e seque bem a garrafa antes de adicionar o molho.

....

O molho holandês e outros semelhantes não precisam estar muito quentes. Eles aquecerão quando entrarem em contato com o alimento quente. Cozinheiros que não se dão conta disso às vezes aquecem demais o molho, fazendo com que talhe.

....

A maneira clássica de fazer maionese é bater enquanto adiciona o óleo ao ovo. Infelizmente, você precisa de três mãos para isso: uma para segurar a tigela, uma para o batedor e outra para adicionar o óleo. O processo será mais tranquilo se você usar uma batedeira portátil ou um mixer equipado com batedor de ovos.

....

Molhos emulsificados à base de ovos, como o béarnaise e a maionese, podem talhar (ou "separar", na linguagem culinária) se a manteiga ou o óleo forem adicionados rápido demais. Para consertar um molho talhado, coloque 1 colher (chá) de mostarda de Dijon no processador ou no liquidificador. Com o aparelho ligado, adicione o molho talhado, 1 colher (chá) de cada vez. A mostarda vai absorver o molho e emulsificá-lo novamente.

Molhos para carne

Alguns cozinheiros acham difícil preparar um molho para carne aveludado e liso. O segredo é encará-lo como um molho à base de roux: misture gordura e farinha de trigo até formar uma pasta, adicione o caldo e deixe ferver. Uma jarra com separador de gordura ajuda a separar os sucos da assadeira em gordura e resíduos do assado. Para preparar pratos que exigem grande quantidade de molho, use um separador com capacidade para 1 litro. O modelo menor, com capacidade para 1 xícara, é bom para fazer molho a partir de frangos assados.

....

A fórmula para o molho perfeito é 1½ colher (sopa) de gordura (use a gordura da assadeira ou manteiga) mais 1½ colher (sopa) de farinha de trigo para cada xícara de caldo (adicione os sucos da assadeira ao caldo). Por exemplo, para 4 xícaras de molho, use 6 colheres (sopa) de gordura mais 6 colheres (sopa) de farinha de trigo.

....

Para obter um molho com cor e sabor intensos sem utilizar corantes, os resíduos da assadeira devem ser cozidos até dourar. Uma assadeira grossa retém mais o calor que uma assadeira fina, ajudando a dourar os resíduos. (Nunca utilize uma assadeira de alumínio descartável. Ela reflete o calor e os resíduos acabam ficando pálidos, além de ceder sob o peso do alimento.) Depois que os resíduos tiverem sido separados, avalie a cor do suco. Se estiver pálido, coloque-o na assadeira e cozinhe em fogo alto até reduzir e ficar marrom-
-escuro.

....

Use um batedor de ovos chato para mexer o molho. Ele alcançará com facilidade os cantos da assadeira. Se sua assadeira for antiaderente, use um batedor de silicone para não arranhá-la.

. . . .

Adicione restos de molho à sopa feita com sobras de frango ou peru para engrossá-la um pouco e deixá-la mais saborosa.

Molhos para salada

Um copo com bico com furinhos, daqueles usados pelas crianças, é perfeito para preparar, guardar e servir molhos para saladas. Apenas misture os ingredientes no copo, feche, tampe o bico com o polegar e sacuda até que o molho esteja emulsificado. O copo com molho pode ser guardado na geladeira. Espalhe o molho sobre a salada através dos furinhos do bico.

. . . .

Há dois motivos para adicionar mostarda ao clássico vinagrete. Sim, ela é saborosa, mas também ajuda a engrossar o molho. A mostarda pode absorver duas vezes seu peso em líquido, então, enquanto ela absorve o vinagre e o azeite, ajuda a emulsificar esses dois ingredientes bem diferentes.

. . . .

Para evitar sujar uma segunda tigela, misture o molho para salada no fundo da saladeira, depois adicione as verduras e misture.

Morim

O morim tem muitas utilidades na cozinha além da função original, que é embalar queijos. Geralmente é usado para coar líquidos, pois sua trama, parecida com a de uma gaze, retém até as menores partículas. Ervas e especiarias são amarradas em saquinhos de morim e adicionadas a caldos, sopas, ensopados e cozidos. O morim faz com que os temperos passem todo o seu sabor para os alimentos e sejam facilmente retirados e descartados antes de servir. Ao espremer suco de limão sobre peixe, cubra a parte cortada do limão com um pedaço de morim para reter as sementes.

Sempre compre morim feito especificamente para fins culinários, para que não contenham goma ou outros materiais não comestíveis que possam passar para a comida. Antes de usar, enxágue o morim em água corrente fria e torça-o. Se estiver seco, o morim pode absorver grande parte do líquido coado.

> Numa emergência, você pode forrar uma peneira de metal com uma folha úmida de papel-toalha em vez de usar o morim.

Muffins

Cada cavidade de uma forma para muffins de tamanho padrão mede 6,8 por 3,4 cm e tem capacidade para ½ xícara rasa. No entanto, como existem formas que aparentam ter essas medidas, mas são ligeiramente maiores ou menores, é uma boa ideia medir a capacidade da cavidade de sua forma, enchendo-a com água até a borda.

....

Se você fizer uma receita que não renda massa suficiente para encher todas as cavidades da forma, não deixe nenhuma vazia, senão os muffins podem não assar de maneira uniforme. Encha as cavidades vazias com água até a metade e depois asse os bolinhos.

....

Deixe todos os ingredientes em temperatura ambiente antes de misturá-los. Muitas receitas de muffins pedem que se misturem manteiga derretida e leite, mas, se o leite estiver gelado, a manteiga vai endurecer. Esta é uma boa solução: derreta a manteiga numa frigideira em fogo baixo e retire-a do fogo. Adicione o leite à frigideira e deixe o calor residual aquecê-lo até a temperatura ambiente.

....

Muitas massas de muffins e scones que levam fermento em pó podem ser refrigeradas de um dia para o outro antes de assar. Eles não crescerão tanto quanto se fossem assados logo após a mistura, mas o resultado será satisfatório. Não refrigere massas feitas com bicarbonato de sódio, que reage assim que é umedecido e perde o efeito quase que imediatamente.

Já reparou que algumas frutas (principalmente silvestres) deixam a massa de muffins azul ou roxa? Essas frutas contêm pigmentos solúveis em água chamados antocianinas, que podem vazar durante a mistura ou no forno. Ácidos impedem essa reação, e é por isso que muitas receitas de muffins com mirtilo incluem ingredientes ácidos, como buttermilk ou creme azedo.

> Use uma colher de sorvete para transferir a massa de muffins para a forma – é muito mais fácil e faz menos sujeira do que uma colher.

Óleo de cozinha em spray

O óleo de cozinha em spray é útil para untar panelas, formas e grelhas, mas tenha cuidado ao comprar. As marcas geralmente têm sabores diferentes, que podem passar para o alimento. É melhor encher um borrifador com o óleo de sua escolha. O óleo de canola, que suporta bem o calor prolongado do forno e o calor direto do refogado, é uma boa opção.

Ostra

As ostras são classificadas de acordo com seu local de origem: Pacífico, Atlântico e Olympia. Nomes específicos geralmente indicam o ponto exato de onde foram recolhidas. Em geral, ostras do Pacífico, tais como westcott bay e kumamoto, são famosas pela textura cremosa e pelo sabor levemente mineral. Ostras do Atlântico, como wellfleet e blue point, possuem sabor de mar e textura crocante. A relativamente pequena olympia (originária de Puget Sound) foi colhida à exaustão no passado, mas está voltando ao mercado agora.

....

Se você não tiver uma faca para abrir ostras, abra os moluscos com um abridor de latas antigo. Com uma escova firme, escove-as bem sob água fria corrente. Segure a ostra com uma das mãos, com o lado curvo dela para baixo, sobre um pano de prato dobrado. Localize o ponto onde a concha superior se encontra com a inferior, na extremidade pontuda. Segurando o abridor de latas com a outra mão, insira a ponta da lâmina de corte na abertura que separa as conchas, cerca de 0,5 cm abaixo da extremidade pontuda. Torça o abridor, e a concha deverá se abrir. Passe a lâmina do abridor por dentro da concha para abri-la completamente. Para soltar a carne, passe uma faca sob ela.

Ovo

Não guarde os ovos no compartimento reservado para eles na porta da geladeira. É o lugar mais quente do refrigerador, o que os fará estragar mais rapidamente. Mantenha-os na embalagem em que foram comprados e coloque-a em uma das prateleiras.

....

Não há diferença no sabor ou no valor nutritivo entre ovos brancos e vermelhos. Escolher um ou outro é uma questão de estética e preferência local. A raça da galinha determina a cor da casca do ovo.

....

Para quebrar um ovo sem destruí-lo, bata-o em uma superfície reta. Ovos quebrados na borda da tigela esmigalham com mais facilidade, e alguns pedaços de casca podem cair dentro do recipiente.

....

Os ovos são mais fáceis de separar quando estão gelados. A maioria dos cozinheiros aprende a separar a clara da gema passando o conteúdo de uma metade da casca para a outra, mas esse não é o método ideal, porque cascas afiadas podem quebrar a gema. É melhor usar as mãos. Segure o ovo com uma das mãos sobre uma tigela. Bata-o na bancada e quebre-o sobre a outra mão, que deve estar em forma de concha. (Com a prática, você logo vai conseguir quebrar ovo usando apenas uma mão.) Descarte a casca. Passe o ovo delicadamente de uma mão para a outra, deixando a clara escorrer pelos dedos e cair na tigela enquanto a gema continua intacta. Lave bem as mãos antes de começar o processo e depois que tiver separado o último ovo.

....

Ovos em temperatura ambiente são batidos com mais facilidade, porque incorporam mais ar que os ovos gelados. Para ajudar os que estão gelados a chegar mais rápido à temperatura ambiente, coloque os ovos inteiros em uma tigela, adicione água quente até cobri-los e aguarde 5 minutos para usá-los.

....

Para deixar as claras em temperatura ambiente, separe os ovos gelados, quebrando-os sobre uma tigela para que as claras caiam dentro dela. Coloque a tigela dentro de uma maior com água quente e deixe descansar,

236 ✳ Segredos de cozinha

mexendo de vez em quando durante 3 minutos, ou até que as claras não estejam mais geladas.

....

A gordura impede que as claras fiquem aeradas, então, ao bater claras em neve, não deixe nem um pouco de gordura entrar em contato com elas. Os batedores e as tigelas devem estar completamente limpos. Nunca use tigela de plástico ou de borracha para bater claras em neve, porque elas retêm gordura. Para garantir que toda a gordura seja removida de tigelas e batedores, coloque os batedores na tigela e adicione uma quantidade generosa de vinagre. Limpe o recipiente com papel-toalha e depois limpe os batedores com as folhas de papel-toalha molhadas com vinagre. Descarte o vinagre que sobrar na tigela, mas não a enxágue com água. Por ser ácido, o vinagre reagirá com as claras e as ajudará a manter a forma quando batidas em neve.

....

Para fazer ovos mexidos macios, adicione 1 colher (sopa) de creme de leite ou leite para cada 2 ovos ao batê-los. O sal os endurece, então não adicione esse ingrediente antes que os ovos estejam prontos.

....

Ovos poché devem ter um atraente formato oval. O primeiro passo é usar ovos bem frescos, já que eles possuem a clara mais firme. Independentemente de estarem bem frescos ou não, não é fácil controlar as claras na água fervente. Vinagre e sal ajudarão a firmá-las e a evitar que se espalhem. Adicione 1 colher (sopa) de vinagre branco ou de maçã e ½ colher (chá) de sal para cada litro de água. Quando os ovos estiverem prontos, use uma escumadeira para transferi-los por alguns minutos para uma tigela com água quente, para eliminar o sabor do vinagre, antes de servir.

....

É fácil fazer ovos cozidos, mas dois problemas comuns são as gemas apresentarem um anel verde ao redor e a dificuldade em descascá-los. Primeiro, use ovos que estejam guardados há 7 ou 10 dias, já que ovos mais velhos são mais fáceis de descascar. À medida que o ovo vai ficando velho, o dióxido de carbono vai escapando pela casca, reduzindo a acidez da clara, o que afeta o modo como ela se fixa à casca.

....

Ao contrário do que se pensa, os ovos não devem ser cozidos em água fervente, por dois motivos: primeiro, porque a água borbulhante pode fazer com que os ovos se quebrem ao bater uns nos outros. Segundo, é muito fácil cozinhá-los além do ponto em água fervente, o que resultará no feio anel verde que às vezes se forma ao redor da gema. Há uma maneira melhor e mais simples de cozinhar ovos: coloque-os em uma panela e cubra-os com água fria. Acenda o fogo alto e, assim que a água começar a ferver, retire a panela do fogo e tampe. Deixe descansar por 15 minutos. Descarte quase toda a água, depois encha a panela com água fria. Deixe os ovos ali até esfriarem completamente, cerca de 20 minutos. Depois de frios, descasque-os imediatamente.

Não há diferença no sabor ou no valor nutritivo entre ovos brancos e vermelhos.

Ovo

Panela de alumínio
Panela de banho-maria
Panela de barro
Panela de pressão
Panela elétrica de cozimento lento
Panelas e caçarolas
Panqueca
Pão
Pão-duro
Papel-alumínio
Papel-manteiga
Pasta de amendoim
Pato
Pedra para assar
Peixe
Peneira
Pera
Peru
Pêssego
Pimenta
Pimenta-do-reino
Pimentão
Pincel
Pizza
Polenta
Porco
Processador de alimentos
Pudim

Panela de alumínio

O alumínio é um excelente condutor de calor, absorvendo-o de forma eficiente e uniforme. Mas ele reage com muitos ingredientes comuns, como o sal, alimentos ácidos (incluindo tomates e vinho) e ovos, descolorindo-os e conferindo-lhes um sabor metálico. Por isso, panelas de alumínio não revestidas não são recomendadas. No entanto, o alumínio pode ser anodizado (tratado por um processo eletrolítico), o que resulta em excelentes panelas de superfície cinza-escura, dura e lisa, resistente à corrosão e não reagente.

....

Lave panelas de alumínio com detergente e água morna, usando um saponáceo cremoso quando necessário. Não as coloque em lava-louças.

Ver também **Assadeiras e formas**

Panela de banho-maria

Toda cozinha deveria contar com uma panela especial para banho-maria para preparar quantidades moderadas de molhos delicados e aquecer alimentos sensíveis ao calor, como purê de batatas. Para quantidades maiores de comida, improvise uma panela para banho--maria colocando uma tigela de inox sobre uma panela com água fervente.

....

Em alguns casos, o alimento é de fato cozido pelo vapor do banho-maria, então a água deve ferver para criar vapor suficiente. Tradicionalmente, a polenta deve ser mexida constantemente durante o cozimento, mas você pode prepará-la em uma panela de banho-maria de metal para uma versão do prato bem menos trabalhosa. Na panela superior, deixe a polenta, a água e o sal ferverem diretamente sobre o fogo médio, mexendo sempre. Enquanto isso, coloque 5 cm de água na panela inferior e deixe ferver levemente. Quando a mistura estiver homogênea, coloque a panela superior sobre a água do recipiente inferior (sem que a toque), tampe e deixe cozinhar por aproximadamente 30 minutos, mexendo de vez em quando, até que a polenta se solte das laterais da panela e esteja lisa e macia.

Panela de barro

A panela de barro com tampa imita a antiga técnica de cozinhar em barro úmido. Algumas possuem partes vitrificadas e não vitrificadas. Todas precisam ser seladas em água antes de usar. Assim, o ambiente úmido retém o sabor natural do que for preparado nela, sem adição de gordura.

....

Esse é um recipiente excelente para cozinhar (assar, na verdade) sopas. Apenas misture todos os ingredientes (não é preciso refogá-los na gordura primeiro) e asse a 200º C por 30 minutos a mais do que a cozinharia na chama do fogão.

Panela de pressão

A panela de pressão possui tampa hermética, que faz com que a pressão aumente quando o líquido dentro dela é fervido. Isso faz com que a temperatura interna exceda a de uma panela comum no fogo. Os alimentos cozinham mais rapidamente nela, geralmente levando de um terço a metade do tempo normal. Equipada com dispositivos de segurança e medidores de pressão, ela costuma ser usada para cozidos, ensopados, pratos preparados com carnes mais duras (a pressão amolece suas fibras) e outros alimentos que exijam cozimento longo. Panelas de pressão mais rasas, parecidas com frigideiras, também podem reduzir o tempo de cozimento de bistecas e outros cortes de carne relativamente macios.

Panela elétrica de cozimento lento

Uma panela elétrica cozinha os alimentos (geralmente sopas, ensopados e outros alimentos cozidos) em temperaturas muito baixas, para aumentar o tempo de cozimento. É um eletrodoméstico popular entre as pessoas que apreciam o fato de não precisar estar em casa durante o preparo da refeição. Para que o alimento seja cozido em uma temperatura baixa e constante, costuma-se usar um recipiente de cerâmica, material que não é bom condutor de calor. Os modelos novos possuem recipientes de ferro fundido antiaderente, que podem ser usados no fogo para dourar e refogar ingredientes antes de ser colocados na panela elétrica. No entanto, esses recipientes costumam cozinhar os alimentos mais rapidamente que os modelos de cerâmica.

....

Eis algumas dicas para aprimorar os pratos preparados na panela elétrica de cozimento lento. Seja usando o recipiente de ferro fundido ou uma frigideira, sempre doure a carne e refogue os legumes (principalmente cebolas) antes de cozinhá-los na panela elétrica. Muitas receitas apenas misturam os ingredientes sem qualquer pré-cozimento, e o prato não fica saboroso. Além disso, quando o alimento é cozido na panela elétrica, a condensação se acumula e não tem para onde ir. Se o prato pronto parecer aguado, coloque o líquido do cozimento numa panela, espere alguns minutos e remova a gordura da superfície. Depois ferva o líquido até que ele reduza e o sabor fique concentrado.

Panelas e caçarolas

Ver **Caçarola, Panela de alumínio, Panela de banho-maria, Utensílios antiaderentes, Utensílios de aço inoxidável, Utensílios de aço-carbono e aço azul, Utensílios de cerâmica, Utensílios de cobre**

Panqueca

Não é fácil manter as panquecas quentes antes de servir. Apenas deixá-las dentro no forno pode fazer com que fiquem moles. O seguinte truque funciona muito bem: preaqueça o forno a 100° C. Espalhe as panquecas em uma assadeira forrada com um pano de prato e cubra-as com outro pano. (Certifique-se de que os panos não estejam com o cheiro do sabão no qual foram lavados.) As panquecas ficarão quentes por cerca de 10 minutos. (Isso funciona também com waffles.)

....

Para colocar a massa da panqueca na frigideira com o mínimo de respingos, use uma pipeta culinária. Você vai conseguir medir a quantidade de massa conforme for preenchendo o cilindro, assim poderá fazer panquecas uniformemente redondas.

Pão

Nunca deixe o sal em contato direto com o fermento biológico, pois ele retira a água de que o fermento precisa para reagir. Então, adicione sal à farinha usada para fazer a massa, para que ela possa agir como uma proteção.

....

Uma batedeira semiprofissional é um ótimo utensílio para fazer massa de pão. Você pode usar o gancho de massa para misturar e sovar. Se a massa não estiver incorporando com o gancho, use a pá e bata só até misturar os ingredientes, depois volte a usar o gancho.

....

Depois que a massa estiver misturada, deixe-a descansar. Padeiros profissionais chamam esse período de repouso de *autólise*. Isso faz com que a farinha fique completamente hidratada, fortalecendo o glúten antes da sova. Cubra a tigela com filme plástico e deixe a massa descansar por 20 minutos. Depois sove em velocidade média até que a mistura esteja lisa e elástica.

....

Massa feita com grande quantidade de farinha integral deve ficar grudenta enquanto você sova. (Em geral, massa úmida ou grudenta resulta no melhor pão.) Não adicione muita farinha à massa, ou o pão ficará seco e duro.

....

Como saber quando a massa já foi suficientemente sovada? Faça o teste da vidraça. Pegue um pedaço da massa do tamanho de uma bola de pingue-pongue e abra-a, formando um retângulo. Puxando lentamente os quatro cantos, estique a massa de modo a formar uma membrana fina e transparente. Se ela rasgar com facilidade, sove mais. Essa técnica não dá certo quando a massa tem sementes, castanhas ou passas, já que elas rasgarão a massa mesmo que ela tenha sido sovada o suficiente. Se tais ingredientes tiverem sido usados, veja se a massa está elástica e resistente.

....

Muita gente coloca a massa de pão para crescer em uma tigela, mas um pote de plástico transparente com laterais retas também é ideal para acompanhar seu crescimento. Com um lápis ou uma fita adesiva, marque do lado de fora o nível inicial da massa, e depois você verá facilmente quando ela tiver dobrado de tamanho. Você também pode usar uma tigela de vidro, mas é mais difícil definir o crescimento da massa em um recipiente de laterais abauladas. Faça um buraco na massa com o dedo. Se o buraco não desaparecer, ela já deve ter crescido o suficiente.

....

Muitos pães artesanais com casca grossa são assados no vapor para ajudar a manter a casca macia e flexível, permitindo que o pão se expanda por completo. Fornos profissionais são equipados com injetores de vapor, mas quem faz pães em casa precisa ser mais criativo. Um método recomendado: ao ligar o forno para preaquecê--lo, coloque uma assadeira ou uma panela vazia em uma grade perto do teto do forno. Quando for colocar a massa de pão para assar, jogue um punhado de cubos de gelo na panela e feche a porta do forno. O gelo vai derreter rapidamente e criar uma explosão de vapor. Enquanto o forno estiver aberto, cubra o vidro da porta com uma toalha para segurar os respingos (a água gelada pode quebrar o vidro) e retire-a antes de fechar a porta.

....

Uma maneira comum de checar se o pão está pronto é bater em sua base e aguardar um som oco. Usar um termômetro é mais confiável. Insira um termômetro de leitura instantânea na base do pão, certificando-se de que a ponta chegue até o meio da massa. Pães que levam manteiga e ovos estão prontos quando a temperatura interna atinge entre 85° e 88° C; pães mais crocantes estão prontos quando atingem temperatura entre 93° e 96° C. Para pães assados em formas, insira o termômetro logo acima da borda da forma, inclinando a ponta para o centro do pão.

Ver também **Farinha, Fermento biológico, Papel-manteiga**

Pão integral de nove grãos

RENDE 1 PÃO REDONDO

Faça este pão rico em fibras para servir torrado no café da manhã ou para fatiar e preparar sanduíches. Talvez você encontre cereais com mais ou menos de nove grãos, e eles também podem ser usados.

½ xícara (chá) (90 g) de mix de cereais com nove grãos (não do tipo instantâneo)

½ xícara (chá) de água fervente

1 xícara (chá) mais 2 colheres (sopa) de água morna (43° a 46° C)

1 colher (chá) de açúcar

1 colher (sopa) de fermento biológico seco, ou 2¼ colheres (chá) de fermento biológico seco instantâneo

¼ xícara (chá) de mel suave

2¾ xícaras (chá) de farinha de trigo

¾ xícara (chá) de farinha de trigo integral

1 colher (chá) de sal

Semolina, para a pá de padeiro

1 Coloque o cereal em uma tigela. Adicione a água fervente e misture bem. Deixe descansar até esfriar, cerca de 20 minutos.

2 Coloque a água morna numa tigela de batedeira. Adicione o açúcar e o fermento biológico e misture rapidamente. Deixe descansar por 10 minutos, ou até que o fermento reaja e espume. Adicione o cereal frio, o mel, a farinha de trigo, a farinha integral e o sal. Usando o gancho de massa, misture em velocidade baixa por cerca de 3 minutos, ou até que a massa se forme.

3 Cubra a tigela com filme plástico e deixe a massa descansar por 20 minutos, para que hidrate antes de ser sovada. Depois, em velocidade média-baixa, continue sovando de 4 a 7 minutos, até que a massa esteja firme e elástica, mas ainda um pouco grudenta.

4 Unte levemente com óleo um pote de plástico transparente ou uma tigela de vidro ou cerâmica com capacidade de 2 litros. Coloque a massa no pote e revista levemente a superfície da massa com um pouco de óleo. Cubra o pote com filme plástico e deixe seu conteúdo crescer de 35 a 45 minutos (ou mais, se o local estiver frio), até dobrar de tamanho. Se estiver usando um pote, marque o nível inicial da massa com lápis ou fita adesiva para saber quando ela tiver dobrado de tamanho.

5 Se for usar uma pedra para assar, coloque-a na grade mais baixa do forno (em um forno a gás, diretamente no fundo) e preaqueça-o a 200° C. Faça isso de 30 minutos a 1 hora antes de assar o pão, para que a pedra fique completamente aquecida.

6 Coloque a massa sobre uma superfície levemente enfarinhada. Pressione-a com firmeza para expelir as bolhas de ar, mas não a sove novamente, ou ela ficará muito elástica e difícil de moldar. (Se estiver difícil de moldar, cubra-a com filme plástico e deixe-a descansar entre 10 e 15 minutos, para permitir que o glúten ceda.) Molde a massa, formando uma bola firme. Se estiver usando uma pedra, polvilhe uma pá de padeiro com semolina e transfira a massa para a pá. Ou improvise uma pá invertendo uma assadeira e forrando seu fundo com papel-manteiga, depois coloque a massa sobre o papel. Se não estiver usando a pedra, transfira a massa para o centro de uma assadeira forrada com papel-manteiga.

7 Cubra a massa com filme plástico e deixe-a crescer por 20 ou 30 minutos, até quase dobrar de tamanho e parecer que inchou.

8 Polvilhe a superfície da massa com farinha de trigo. Usando uma lâmina de barbear ou uma faca fina e afiada, faça uma cruz rasa na superfície da massa. (Isso aumenta a quantidade de casca e garante um crescimento uniforme no forno. Sem o corte, o pão pode explodir ao se expandir.) Se a massa estiver na pá de padeiro, passe-a para a pedra preaquecida. Se estiver na assadeira, coloque-a na pedra ou na grade do forno.

9 Deixe assar por 40 minutos, ou até que o pão esteja dourado e um termômetro inserido no centro de sua base registre 88° C. Transfira-o para uma grade e deixe esfriar completamente. Fatie com uma faca serrilhada.

Dicas para o pão integral de nove grãos

- Observe a diferença nas quantidades de fermento biológico seco tradicional e instantâneo. Se estiver usando o instantâneo, você pode usar tanto água morna quanto água fria.

- Use mel de sabor suave para dar uma doçura sutil.

- Não adicione muita farinha à massa; ela deve ficar grudenta.

- Deixe a massa crescer em um recipiente transparente para poder ver com facilidade quando ela tiver dobrado de tamanho.

- Use um termômetro de leitura instantânea para verificar se o pão está pronto.

Pão-duro

Para retirar toda a massa da tigela ou remover massa de biscoito das laterais, utilize a espátula conhecida como pão-duro. Feito de plástico flexível, ele possui uma borda arredondada que se encaixa perfeitamente nos contornos da tigela, garantindo que não haja desperdício.

O pão-duro é útil para raspar alimentos de travessas antes de lavá-las, então guarde-o próximo à pia.

Papel-alumínio

Você já se perguntou se deveria usar o papel-alumínio com o lado brilhante virado para cima ou para baixo? A variação de brilho entre os dois lados ocorre durante o processamento, quando o papel-alumínio passa por entre imensos rolamentos. Não faz diferença alguma qual lado fica para cima.

Uma assadeira com grelha é essencial para uma cozinha bem equipada: a grelha mantém o frango ou a carne afastado do fundo da assadeira, para que não cozinhe em seu próprio suco. Mas rapidamente (vamos supor que você esteja em férias numa casa alugada com poucos utensílios de cozinha) você pode criar uma usando papel-alumínio. Torça um pedaço de 45 cm de papel-alumínio formando um tipo de corda, depois faça um anel com essa corda. Coloque o anel na assadeira e unte-o com óleo para que a carne não grude. Coloque a carne em cima do anel e leve a assadeira ao forno.

Papel-manteiga

Papel-manteiga costuma ser vendido em rolos, então, quando você vai usá-lo, ele costuma enrolar. Ao comprar um rolo, separe alguns minutos para cortar folhas do tamanho de suas assadeiras. Coloque-as entre duas assadeiras e guarde tudo junto para que fiquem lisas. Caso tenha que usar o papel que acabou de desenrolar, unte a assadeira primeiro para que ele grude com mais facilidade.

....

Para algumas receitas (por exemplo, as que incluem base de suspiro), é útil ter um molde como guia. Você pode desenhá-lo no papel-manteiga, mas a tinta da caneta vai passar para a massa úmida. Vire o papel-manteiga e você vai conseguir ver o molde sem ter de se preocupar com a tinta.

Ver também **Pedra para assar**

Pasta de amendoim

Para cozinhar, a pasta de amendoim comercial funciona melhor que a natural. O açúcar e as gorduras hidrogenadas da primeira deixam bolos e biscoitos leves e macios. Então, a menos que uma receita peça especificamente pasta de amendoim natural, use a tradicional.

....

Quando você compra pasta de amendoim natural, geralmente há uma camada de óleo na superfície. Em vez de mexer para misturar, deixe o pote de cabeça para baixo por algumas horas para que o óleo possa se redistribuir por toda a pasta. Mantenha-a na geladeira e o óleo ficará na superfície. Para aquecer a pasta de amendoim gelada, remova a tampa do pote e aqueça-o no micro-ondas em potência média por cerca de 30 segundos. Misture bem antes de usar.

Pato

O pato possui grande quantidade de gordura sob a pele, que deve ser removida, caso contrário a carne assada ficará gordurosa demais. A maneira mais fácil de remover a gordura é colocar o pato, já sem a embalagem, sobre uma grade disposta em cima de uma assadeira de laterais altas. Leve à geladeira, sem cobrir, de 24 a 48 horas. (Se o pato estiver congelado, levará o mesmo tempo para descongelar.) A pele vai secar e encolher, dilatando os poros. Quando o pato for assado, os poros maiores soltarão mais gordura.

....

A gordura que sai do pato (e do ganso) é muito valorizada na culinária francesa. Use-a para refogar batatas e para besuntar o frango antes de assá-lo. Enquanto o pato assa, use uma pipeta culinária para recolher a gordura que se acumular na assadeira, transferindo-a para uma tigela pequena. Deixe na geladeira até que a gordura endureça. Remova-a da tigela e raspe os sucos gelatinosos do fundo (os sucos podem ser adicionados a receitas de frango quando fizer caldo de galinha ou molho). Derreta a gordura do pato novamente, transfira-a para um pote de vidro, deixe-a esfriar e tampe bem. Guarde na geladeira por até 1 mês ou no freezer por até 3 meses.

....

Essas duas dicas podem ser usadas com ganso, que também possui uma grossa camada de gordura sob a pele.

Pedra para assar

As pedras para assar, feitas de cerâmica não vitrificada nos formatos redondo, retangular ou quadrado, não servem apenas para pães e pizzas. A distribuição plana e uniforme do calor ajuda a dourar massas de torta. Aqueça a pedra sobre a grelha mais baixa do forno. Para evitar que o alimento pingue e manche a pedra, coloque a forma em uma assadeira antes de posicioná-la sobre a pedra, ou forre a pedra com papel-manteiga.

....

Ao assar pães, coloque a pedra diretamente no fundo do forno a gás, tomando cuidado para não cobrir as aberturas da base. Em fornos elétricos, coloque a grade do forno na posição mais baixa e a pedra sobre ela.

....

Sempre preaqueça o forno, com a pedra já na posição correta, de 45 minutos a 1 hora antes de assar. Depois de usada, deixe a pedra esfriar completamente (de preferência de um dia para o outro) antes de retirá-la do forno. Muitos cozinheiros acham mais prático deixar a pesada pedra no forno o tempo todo. Se você for um deles, certifique-se de colocar as formas sobre assadeiras para evitar que qualquer sujeira caia sobre ela.

....

A maioria das receitas recomenda usar uma pá de padeiro polvilhada com fubá ou semolina para levar o pão para a pedra dentro do forno. Mas alguns grãos acabam caindo na pedra e podem queimar. Em vez disso, coloque uma folha de papel-manteiga na pá e deixe o pão crescer sobre a folha. Depois, deixe o pão escorregar para a pedra de assar com papel e tudo. Certifique-se de que o papel-manteiga usado suporta altas temperaturas, caso contrário ele pode queimar.

....

A pedra de assar certamente ficará manchada com o uso. Tome cuidado ao limpá-la, pois ela é muito porosa e vai absorver os odores do agente de limpeza, principalmente de sabão. Você pode usar uma pasta feita com bicarbonato de sódio e água e uma escova de náilon para remover alimentos queimados. Ou apenas limpe-a com um pano úmido. Alguns cozinheiros aconselham que a limpeza seja feita dentro do forno, no próprio ciclo de autolimpeza. Essa não é uma boa ideia, já que a maioria dos fabricantes pede para que as grades do forno elétrico sejam removidas durante a autolimpeza. Na verdade, em alguns casos, isso anula a garantia do forno. (E se a pedra estiver no fundo de um forno a gás durante a limpeza, a temperatura pode ficar muito alta, a ponto de fazer a pedra rachar.) Se a pedra estiver realmente suja e com mau cheiro, é hora de comprar uma nova.

Ver também **Pão, Papel-manteiga**

Peixe

Peixes sempre devem ser armazenados no gelo. Até mesmo o trajeto entre o supermercado e sua cozinha pode fazer com que peixes e frutos do mar estraguem. Quando for comprar esses alimentos, leve uma bolsa térmica com gelo para guardá-los até chegar em casa. (Essa também é uma boa ideia para transportar qualquer alimento sensível à temperatura, como carne, principalmente quando o clima estiver quente.)

....

Cubos de gelo não são a melhor opção para manter a temperatura ideal dos peixes na geladeira, porque vão derreter e encharcar o alimento. Use bolsas de gelo artificial. Coloque as bolsas numa assadeira e cubra com papel-alumínio. Coloque o peixe, na embalagem original (ou em um saco plástico, se não estiver embalado), sobre o papel-alumínio e leve-o à geladeira. As bolsas de gelo vão manter o peixe resfriado por 24 horas sem fazer a bagunça do gelo derretido.

....

Filés de salmão e de outros peixes podem ter espinhas que precisam ser removidas antes de ser servidos. Tenha em sua cozinha uma pinça ou um alicate de ponta para remover espinhas de peixe. Para eliminar todas, coloque o filé, com a carne para cima, no fundo de uma tigela grande e curva virada de boca para baixo. As espinhas ficarão expostas e será mais fácil localizá-las e retirá-las.

....

Filés de peixes como linguado são tão finos que podem passar do ponto quando assados. Dobre cada filé ao meio de modo que as pontas se encontrem, deixando o filé com uma espessura dupla, que levará mais tempo para assar.

Salmão com crosta de panko e gergelim

RENDE 6 PORÇÕES

Prepare esses filés crocantes para um jantar rápido e fácil. Você encontra wasabi na seção de alimentos asiáticos do supermercado. Caso não encontre, tempere a maionese com molho de pimenta vermelha a gosto.

6 filés de salmão (150 g cada)

Sal e pimenta-do-reino moída na hora

2 colheres (sopa) de maionese

½ colher (chá) de pasta de wasabi

⅓ xícara (chá) mais 1 colher (sopa) de panko (farinha de pão japonesa)

2 colheres (chá) de sementes de gergelim

Óleo de canola ou outro óleo em spray

Fatias de limão para servir

1 Coloque uma grade no meio do forno e preaqueça-o a 220º C. Enquanto isso, forre uma assadeira com papel-manteiga.

2 Tempere levemente os filés de peixe com sal e pimenta-do-reino. Coloque-os na assadeira já preparada. Misture a maionese e a pasta de wasabi em uma tigela pequena. Em outra tigela pequena, misture o panko e as sementes de gergelim. Passe cerca de 1 co-

262 ❁ Segredos de cozinha

lher (chá) da mistura de maionese sobre a superfície de cada filé. Polvilhe cerca de 1 colher (sopa) da mistura de panko sobre a mistura de maionese em cada filé, depois pressione levemente com a ponta dos dedos para grudar. Borrife a mistura de panko com o óleo de canola.

3 Leve ao forno por 7 minutos. Retire e borrife mais uma vez a crosta de panko com óleo. Volte a assadeira ao forno e deixe assar por mais 7 minutos, ou até que a crosta de panko esteja dourada e o salmão pareça opaco quando perfurado na parte mais grossa com a ponta de uma faca. Transfira os filés para pratos aquecidos e sirva-os quentes, com as fatias de limão.

Dicas para o salmão com crosta de panko e gergelim

- Forre a assadeira com papel-manteiga para evitar que os filés grudem.

- O panko deixa a cobertura especialmente crocante.

- Borrife a cobertura de panko com óleo vegetal (o de canola é o melhor) antes de assar e repita o processo na metade do tempo, para que ela fique ainda mais crocante.

Peneira

Uma peneira é usada para drenar sólidos (às vezes, tanto os sólidos quanto o líquido são reservados) ou escorrer líquidos. O tamanho da rede determina como ela deve ser usada. É comum cozinheiros escolherem a peneira errada, tornando difícil uma tarefa simples. A com orifícios médios é boa para escorrer legumes ou coletar pedacinhos de clara de ovo de um molho cremoso. Também pode ser usada para peneirar ingredientes secos para bolos. A peneira de malha fina deve ser reservada para eliminar sólidos bem pequenos, como as sementes de um purê de framboesas ou pedacinhos de ervas de caldos.

Pera

Época: de janeiro a abril

As peras estão entre as poucas frutas que devem ser colhidas antes de amadurecer completamente. Compre peras firmes alguns dias antes de consumi-las e deixe amadurecerem em temperatura ambiente, até ficarem levemente macias ao toque.

....

Para descaroçar uma pera, corte-a ao meio no sentido do comprimento e remova as partes duras com um boleador. Assim como acontece com a maçã, sua polpa oxida quando exposta ao ar, então pingue suco de limão ou vinho branco nas partes cortadas para evitar que escureçam.

Peru

A maioria das pessoas só assa peru inteiro uma ou duas vezes por ano, o que significa que geralmente precisam se atualizar. Aqui estão algumas dicas sobre peru que o ajudarão a servir uma ave úmida e deliciosa todas as vezes.

O peru é vendido de acordo com padrões semelhantes aos dos frangos. Um **peru natural** não recebeu hormônios ou estimulantes de crescimento, embora possa ter recebido antibióticos. **Perus caipiras** tiveram acesso a áreas externas, mas isso não significa que aproveitaram a oportunidade. **Perus orgânicos**, que podem ou não ser caipiras, receberam ração preparada organicamente e nunca foram tratados com antibióticos. **Perus tradicionais** foram criados a partir de raças antigas, como bourbon red, e possuem sabor mais forte e peitos menores que as raças produzidas em massa.

O maior problema com a carne de peru é manter o peito úmido. O peito, que cozinha mais rápido que as coxas e sobrecoxas, está pronto quando um termômetro inserido na parte mais grossa, longe do osso, registra 74° C, e a carne escura só fica macia quando atinge pelo menos 80° C. Alguns cozinheiros recorrem à salmoura (ver página 291) para garantir uma carne branca úmida. Mas a salmoura também adiciona sódio desnecessário à refeição, e nem todos gostam do sabor. Uma solução melhor é proteger o peito com papel-alumínio para desviar o calor dessa área e deixar o cozimento mais lento. Antes de colocar o peru no forno, cubra toda a área do peito com papel-alumínio. Durante a última hora do tempo estimado, retire o papel para que a pele do peito possa dourar.

....

Banhar o peru é perda de tempo. Isso pode ajudar a caramelizar a pele, mas os sucos da assadeira não vão penetrar e umedecer a carne. Além disso, toda vez que a porta do forno é aberta, o calor é liberado, causando oscilações na temperatura que tornam impossível estimar o tempo que o peru vai levar para assar. Então, se você gosta de banhar a ave (o que também permite que você acompanhe o progresso do peru), vá em frente, mas faça isso uma vez a cada hora.

Ver também **Frango, Molhos para carne, Recheios salgados, Trinchar**

Tempo estimado para assar um peru

Asse a 160° C, até que um termômetro inserido na parte mais grossa da coxa do peru registre de 80° a 82° C. Muitos fatores contribuem para o tempo de cozimento (como a temperatura do peru refrigerado, a temperatura exata do forno, quantas vezes ele é aberto e se o peru está recheado ou não), então estime mais tempo para incluir essas variáveis. Deixe o peru assado descansar por pelo menos 20 minutos antes de cortá-lo.

Peru sem recheio

3,5 kg a 5,5 kg	2h45 a 3 horas
5,5 kq a 6,5 kq	3 horas a 3h45
6,6 kg a 8 kg	3h45 a 4h15
8 kg a 9 kg	4h15 a 4h30
9 kg a 10 kg	4h30 a 5 horas

Peru recheado

3,5 kg a 5,5 kg	3 horas a 3h30
5,5 kg a 6,5 kg	3h30 a 4 horas
6,6 kg a 8 kg	4 horas a 4h15
8 kg a 9 kg	4h15 a 4h45
9 kg a 10 kg	4h45 a 5h15

Pêssego

Época: novembro e dezembro

A forma mais comum de descascar pêssegos é mergulhá-los em água fervente por alguns segundos para que soltem a pele e depois terminar de descascá-los com uma faca. No entanto, alguns cozinheiros acham que mesmo esses poucos segundos em água fervente prejudicam a textura da fruta. Em vez de usar esse processo, use um descascador de legumes serrilhado, descascando ao redor do pêssego com movimentos curtos, como se estivesse serrando. (Em outras palavras, não tente remover grandes tiras de pele de pêssego, como faria com uma maçã.)

....

Os pêssegos de caroço aderente são os primeiros a chegar ao mercado. O caroço fica grudado à polpa e é trabalhoso removê-lo. O sabor dessas frutas é ótimo, mas, se quiser fazer uma torta na qual a aparência é importante, as fatias não ficarão perfeitas. Espere até a chegada dos pêssegos de caroço livre, com caroços que se soltam facilmente da polpa.

Pimenta

Se você comeu uma pimenta extremamente picante e precisa "apagar o fogo", beba leite ou bebida à base de leite. O leite contém caseína, uma proteína que vai cercar e remover a capsaicina (o composto responsável pelo ardor das pimentas), aliviando rapidamente a sensação de ardor. Esse pode ser um dos motivos pelos quais os indianos bebem lassi (bebida à base de iogurte) junto com a comida. Uma colher cheia de sorvete também funciona.

....

Você abriu um pote de pimentas chipotle em adobo e usou apenas uma ou duas unidades. O que faz com o restante? Forre uma assadeira com papel-manteiga. Com luvas de borracha, disponha as pimentas na assadeira, deixando um bom espaço entre elas. Congele até endurecerem. Ainda com as luvas, transfira as pimentas para um saco plástico e congele-as por até 6 meses. Retire-as do freezer, uma de cada vez, quando precisar. Elas levam apenas alguns minutos para descongelar.

....

Ao picar pimentas, muitas receitas aconselham a descartar as sementes e as partes brancas. Em vez disso, reserve-as. Elas podem ser picadas e adicionadas a um prato que precisa de mais tempero sem você precisar picar outra pimenta.

Pimenta-do-reino

Abastecer um moedor de pimenta pode fazer sujeira. Para colocar os grãos no moedor sem espalhá-los, enfie-os em um saco plástico ou envelope de papel, corte um dos cantos e direcione-o para o moedor.

....

Não importa o que você vai usar para quebrar grãos de pimenta para um filé au poivre ou para fazer tempero – fundo de frigideira, batedor de carne liso, rolo de abrir massa –, os grãos de pimenta pulam e se espalham por toda a bancada. Para evitar que isso aconteça, coloque os grãos em um pequeno saco com lacre, feche-o, removendo o ar, e então esmague os grãos.

....

Ao temperar com sal e pimenta, às vezes a quantidade de pimenta-do-reino é tão pequena que é difícil distribuí-la de maneira uniforme. Misture o sal e a pimenta, depois espalhe a mistura sobre o alimento. Dessa forma, a distribuição será muito melhor.

Pimentão

Época: de outubro a fevereiro

Muitas pessoas acham a pele dos pimentões dura e amarga, então a removem antes de comê-los. Para "assar" rapidamente um pimentão, toste a pele com um maçarico culinário. Transfira o pimentão para uma tigela, cubra-a bem com filme plástico e deixe descansar por 10 minutos, para que a casca se solte. Depois basta puxar a pele.

....

Evite remover a pele de pimentões assados sob água corrente. Isso vai fazer com que o sabor vá embora. Tente raspar a pele com uma faca pequena e afiada. Não se preocupe com pequenos pedaços de pele queimada, eles conferirão personalidade ao pimentão.

Pincel

Pincéis de cerdas naturais são ideais para aplicar coberturas e untar recipientes com manteiga amolecida. Para limpá-los, coloque-os sob água quente, adicione uma gota de detergente às cerdas e esfregue-as até fazer espuma. Enxágue bem e deixe secar. Nunca coloque pincéis de cerdas naturais na lava-louças.

....

Pincéis de náilon servem para as mesmas coisas que os de cerdas naturais, mas, por não absorverem sabor, são ótimos para espalhar molhos salgados sobre a comida. Mas não os use sobre superfícies quentes, pois as cerdas podem derreter.

....

Pincéis de silicone resistem a temperaturas entre 260º e 425º C, dependendo do fabricante, e são uma boa opção para pincelar alimentos quentes no forno ou na grelha.

Pizza

Para manter sua massa de pizza caseira crocante, use legumes cozidos, não crus, como cobertura. Legumes crus soltam líquido no forno, o que certamente encharcará a massa. Apenas refogue os legumes rapidamente em azeite até começarem a ficar macios.

....

Antes de adicionar a cobertura da pizza, espalhe algumas colheres de queijo parmesão ralado sobre a massa, o que também ajudará a evitar que ela encharque.

Ver também **Papel-manteiga**

Polenta

Ninguém gosta de polenta com grumos. Para evitar que isso aconteça, misture a polenta com metade da água que a receita pedir. Ferva o restante da água e depois a adicione à polenta umedecida. Embora a maioria dos cozinheiros italianos não use batedor de ovos e prefira mexer a polenta com colher de pau, o batedor funciona melhor para deixar a polenta lisa.

Ver também **Panela de banho-maria**

Porco

Como existem menos variedades de cortes de porco que de outras carnes, a carne de porco não costuma ser classificada, mas é inspecionada pelos órgãos competentes.

A carne de porco especial vendida em alguns açougues vem de raças antigas, como a berkshire, que é muito saborosa e possui uma quantidade normal de gordura. A carne de porco vendida no supermercado tem grande parte de sua gordura removida. Sem gordura intramuscular para umedecer a carne de dentro para fora, muitos cortes ficam secos durante o cozimento. Se você se preocupa com isso, pode deixar a carne de porco em salmoura para adicionar mais umidade. Obviamente, você não precisa fazer isso com cortes gordurosos, como paleta ou costelinha.

Ver também **Salmoura**

Processador de alimentos

Ao retirar o conteúdo da tigela do processador, a lâmina pode acabar caindo também. Para evitar que isso aconteça, coloque o dedo no orifício na parte de baixo da tigela para segurar a lâmina, depois inverta a tigela.

....

Para picar alho, use a lâmina de metal. Com o processador ligado, insira os dentes de alho descascados pelo tubo. O alho picado vai se acumular nas laterais da tigela.

....

Quando qualquer erva fresca é picada no processador, uma fina camada acaba ficando na tigela. Adicione uma fatia de pão e use a tecla pulsar até que o pão vire farelo. Você terá farelo de pão com sabor de ervas, e a tigela vai ficar limpa. Caso não use o farelo imediatamente, congele-o.

Pudim

Existem dois tipos de pudim: os cremosos, feitos em fogo baixo mexendo constantemente, e os assados, feitos no forno.

....

Os pudins cremosos engrossam quando atingem de 80° a 82° C. Use um termômetro culinário para verificar a temperatura. Se o pudim talhar, passe-o em uma peneira fina e depois bata-o no liquidificador (com a tampa entreaberta) até ficar homogêneo.

·········

Se você não tiver um termômetro culinário, levante o utensílio que estiver usando para mexer o pudim (uma espátula de silicone, que pode ser usada para raspar as laterais da panela, funciona melhor que uma colher de pau) e passe o dedo no creme que estiver nele. Se o espaço deixado por seu dedo não se fechar imediatamente, o pudim está pronto.

·········

Quando os pudins são assados a temperaturas acima de 160° C, os ovos podem atingir a sinérese, ponto no qual o líquido se separa dos sólidos. Para evitar que o pudim rache, use o banho-maria para isolar a forma e um termômetro de forno para garantir a temperatura precisa.

·········

A maneira mais comum de verificar se um pudim assado está pronto é o teste da faca: uma faca deve ser inserida no pudim e sair limpa e seca dali. Mas isso também deixa um corte no pudim, que pode se expandir enquanto ele esfria. O teste do balanço é melhor. Quando a forma é levemente sacudida, a maior parte do pudim fica estável, mas o meio balança um pouco e está mais mole.

O calor residual vai cozinhar o centro do pudim enquanto ele esfria.

....

Para evitar que o pudim forme uma película enquanto assa, cubra o topo da forma com papel-alumínio. Não prenda o papel-alumínio nas laterais, senão o vapor vai se acumular e cozinhar o pudim mais rápido que o desejado.

Ver também **Banho-maria, Ovo**

Queijo
Ralador
Raspador de massa
Raspas de frutas cítricas
Recheios salgados
Refogar, dicas divinas para
Risoto
Romã

Queijo

Ao armazenar queijo, lembre que ele é um organismo vivo. Na maioria dos casos, ele deve ser embalado em papel-manteiga ou papel-alumínio, para que possa "respirar" sem ressecar. Queijos que precisam reter a umidade, como muçarela fresca, podem ser embalados em filme plástico.

....

Em geral, você pode armazenar diferentes tipos de queijo juntos. As exceções são aqueles com aroma forte, como os azuis, que devem ser guardados em um recipiente hermético para que outros queijos não absorvam seu cheiro. Armazene-os na parte mais baixa da geladeira, onde há menor chance de congelamento acidental. A gaveta de legumes, por sua alta umidade, é o local ideal.

....

Antes de ralar queijos macios nos orifícios grandes do ralador, borrife o ralador com óleo de cozinha para evitar que o queijo grude. Congelar levemente o queijo o torna mais fácil de ralar, mas congele apenas a quantidade necessária para a receita.

....

Não jogue fora a casca do parmesão. Adicione-a à sopa (especialmente as de frango, feijão ou minestrone) ou ao molho de tomate e deixe cozinhar por cerca de 30 minutos, para amolecer e soltar o sabor.

....

Mesmo queijos que estão bons para o consumo podem apresentar um pouco de bolor. Remova o bolor azul, verde ou esbranquiçado. Se estiver preto ou rosado, o queijo está estragado e deve ser descartado. E se o queijo estiver cheirando a amônia, jogue-o no lixo.

Ralador

Como cada tipo funciona bem para uma tarefa específica, é útil ter três tipos de ralador: um tradicional, um giratório e um em forma de lima.

O peso do que você rala vai variar dependendo do tipo de ralador que usar. Por exemplo: ½ xícara de parmesão ralado em um ralador em forma de lima costuma pesar menos do que ½ xícara de parmesão ralado no ralador tradicional. Em muitos casos, a diferença não importa, porque o ingrediente é adicionado a gosto.

O ralador tradicional de inox é o modelo clássico. Com quatro (e às vezes mais) superfícies diferentes, o cozinheiro possui várias opções. Use os orifícios menores para cascas de frutas cítricas; os médios, para queijos duros como o parmesão; a lâmina de fatiar, para ovos cozidos ou alface; e os orifícios grandes, para queijos semiduros, batata crua e repolho.

Um ralador giratório não serve apenas para ralar queijo sobre o macarrão, mas também para decorar pratos com chocolate ou castanhas.

Ralador

O ralador em forma de lima com orifícios pequenos foi criado para ralar cascas de frutas cítricas, mas também pode ser usado para ralar gengibre ou transformar alho ou gengibre em purê. Atualmente, existem raladores em forma de lima com orifícios de inúmeros formatos e tamanhos. Os médios são bons para legumes, e os extralargos, para queijos semimacios.

Ver também **Frutas cítricas**

Raspador de massa

Cozinheiros profissionais ficariam perdidos sem seu raspador de massa, uma lâmina retangular com alça de madeira, plástico ou metal chapado. O utensílio é usado para raspar a superfície de preparo (profissionalmente conhecida como "bancada"), deixando-a livre de massa grudenta, e para erguer a massa durante o preparo. A borda da lâmina também pode ser usada para cortar castanhas de modo grosseiro ou para dividir uma massa grande em porções menores.

Raspas de frutas cítricas

Ver **Frutas cítricas, Ralador**

Recheios salgados

É seguro rechear aves se você seguir algumas regras simples. O principal ponto é cozinhar o recheio até que atinja 74º C, para matar qualquer bactéria potencialmente prejudicial. Use o termômetro para chegar ao centro do recheio e fazer a leitura. Para garantir que ele atinja a temperatura segura, sempre recheie a ave fria com recheio quente. Prepare o recheio e use-o imediatamente, sem levá-lo à geladeira. E asse a ave logo em seguida, porque o recheio quente pode acabar estragando se ficar em temperatura ambiente.

....

Você pode preparar alguns ingredientes do recheio na véspera. Qualquer carne (linguiça, bacon etc.) pode ser cozida com antecedência, bem como cebolas, salsão e outros legumes. Deixe-os esfriar completamente e guarde-os na geladeira de um dia para o outro. No dia seguinte, aqueça-os em uma frigideira grande com um pouco de manteiga ou óleo. Prossiga com a receita do recheio, usando caldo quente.

....

Não há necessidade de costurar a cavidade do peru para fechá-la. Apenas cubra o recheio exposto com um pedaço de papel-alumínio.

Dicas divinas para refogar

Enquanto alguns alimentos precisam de um cozimento longo e úmido para amaciar, outros só precisam ser rapidamente refogados na frigideira. O termo francês sauter, *que significa "saltear", é utilizado algumas vezes como sinônimo de "refogar", e o alimento realmente será mexido e revirado na frigideira durante o processo.*

1 O segredo por trás de um bom refogado é usar fogo médio-alto e uma pequena quantidade de óleo. Na verdade, carnes e outros alimentos à base de proteínas não devem ser virados com frequência, porque o contato prolongado com a frigideira quente vai dourar a superfície do alimento, deixando-o mais saboroso.

2 Aqueça a frigideira em fogo médio-alto. Se ela estiver quente demais, você pode queimar o lado de fora do alimento antes que o interior esteja cozido.

3 Use óleo para refogar, não manteiga. A manteiga contém sólidos do leite, que queimam e produzem fumaça em temperaturas altas. Alguns livros de receitas pedem uma mistura de manteiga e óleo, supostamente para aumentar o ponto de fumaça da manteiga, mas isso não remove os sólidos do leite que causam o problema. Você pode usar manteiga clarificada, mas é mais simples usar óleo para cozinhar a carne. Se quiser um sabor de manteiga, use-a no molho de panela.

4 Utilize um método de cozimento duplo para cortes mais espessos. Bistecas altas de porco e carneiro, T-bones e peitos de frango com osso e pele são grossos demais para cozinhar totalmente na frigideira, na boca do fogão. É melhor dourá-los na frigideira e depois terminar de cozinhá-los no forno a 200° C. Certifique-se de que a frigideira possa ir ao forno.

5 Sempre faça um molho de panela para aproveitar os pedacinhos dourados que sobraram na frigideira, extremamente saborosos. Retire a carne da frigideira e cubra-a com papel-alumínio para mantê-la aquecida. Descarte a gordura da frigideira e leve-a ao fogo médio. Adicione algumas colheres de chalota picada e 1 colher (sopa) de manteiga. Não coloque a manteiga sozinha, já que a frigideira pode estar quente demais e, com isso, queimar a manteiga. A chalota impedirá que isso aconteça. Cozinhe por cerca de 1 minuto para a chalota picada ficar macia, depois adicione cerca de 1 xícara de um caldo adequado. Vinho talvez pareça uma boa opção, mas pode ser forte demais. Ferva o caldo, raspando o fundo da frigideira com uma espátula de madeira, até reduzir para cerca de ½ xícara. Retire-o do fogo e adicione 1 a 2 colheres (sopa) de manteiga gelada, 1 colher por vez, para engrossar levemente o molho.

Risoto

O arroz usado em risotos deve ter uma grande quantidade de amido superficial. O arroz arbóreo importado da Itália é uma das variedades mais usadas para risoto, mas não é a única disponível. Muitos chefs italianos preferem o vialone nano e o carnaroli ao arbóreo, pelo sabor e a textura superiores.

O risoto deve ser mexido constantemente por pelo menos 20 minutos para que os grãos liberem amido, dando ao prato sua cremosidade única. Esta é uma forma de dividir o tempo de cozimento para que você não precise ficar longe de seus convidados: cozinhe o risoto por cerca de 15 minutos. Os grãos devem continuar bem firmes. Espalhe o risoto em uma assadeira forrada com papel-manteiga (ele esfriará mais rapidamente se disposto em uma fina camada) e cubra com outra folha de papel-manteiga. Deixe esfriar por até 2 horas. Quando estiver pronto para finalizar, derreta um pouco de manteiga em uma panela para risoto, adicione o risoto frio e continue adicionando mais líquido até ficar pronto.

Romã

Época: de dezembro a fevereiro

Um punhado de sementes de romã dá um sabor agridoce a pratos variados. O truque é remover as sementes suculentas da romã sem espalhá-las. Seu suco vermelho vivo deixa manchas difíceis de remover. Corte a romã em quatro, perfurando apenas a casca. Mergulhe-a em uma tigela grande com água. Abra a romã em quatro pedaços, seguindo a marca dos cortes e mantendo-a debaixo d'água. Use os dedos para tirar as sementes da casca. A membrana esponjosa vai flutuar até a superfície, de onde poderá ser removida. Descarte a casca e escorra as sementes.

....

Suco de romã, que hoje pode ser comprado nos supermercados, tornou-se um ingrediente popular em receitas. Leia o rótulo com atenção, já que a embalagem pode conter outros sucos que talvez você não queira, como de cereja ou cranberry.

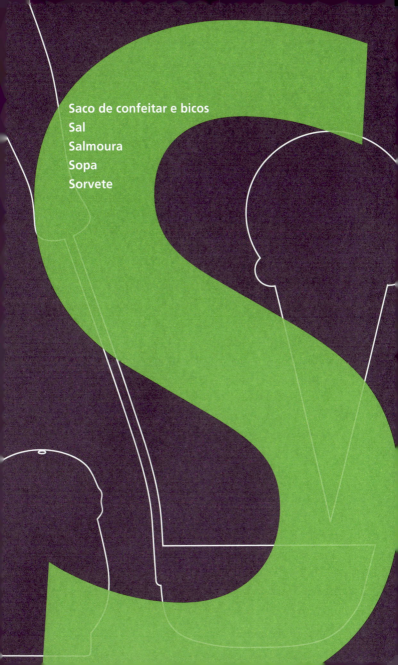

Saco de confeitar e bicos
Sal
Salmoura
Sopa
Sorvete

Saco de confeitar e bicos

Ao comprar um saco de confeitar, escolha um com pelo menos 30 ou 35 cm de comprimento. Sacos menores não têm capacidade suficiente e precisam ser preenchidos com frequência. Se você precisar desses sacos para doces e salgados, marque-os e guarde-os separadamente para evitar a transferência de sabores.

....

Se tiver de improvisar, use um saco plástico com lacre como substituto para o saco de confeitar. Corte um dos cantos do saco plástico para inserir um bico de confeitar. Reforce a área ao redor da abertura com pedaços de fita adesiva transparente.

....

Não demora muito para um cozinheiro formar uma grande coleção de bicos de confeitar. Para que você não tenha que ficar procurando para encontrar o que quer – liso, estrela, estrela aberta ou outros –, guarde os do mesmo tipo em um recipiente. Se você tiver bicos pequenos, guarde-os em recipiente próprio também.

Sal

O sal pode ser extraído de depósitos subterrâneos ou coletado a partir da evaporação da água do mar. Embora o sal, em ambos os casos, seja composto por cloreto de sódio, as diferenças de sabor dependem dos minerais presentes na terra ou na água de onde ele foi extraído.

………

Há que se distinguir também entre sal para cozinhar e sal para finalizar. O **sal para cozinhar** é usado na preparação dos pratos: adicionado à água de cozimento do macarrão ou dos legumes, em salmoura ou polvilhado sobre o alimento antes de assar. O **sal para finalizar** é polvilhado sobre o alimento pronto, antes de servir, para que se possam apreciar seu sabor, sua textura e, às vezes, sua cor.

………

O **sal marinho** é coletado em vários locais, de Bali ao Maine. Entre as variedades populares estão a flor de sal, da França, coletada da superfície da água do mar na costa da Bretanha; o sal marinho Maldon, da Grã-Bretanha, famoso pelos cristais brancos como a neve; o sal vermelho havaiano, que obtém sua cor da argila vermelha; e o sal negro havaiano, cuja cor é proveniente de depósitos de lava. Sais marinhos grossos e refinados são populares como sais para cozinhar. Os mais caros, de textura mais áspera, devem ser reservados para uso como sal para finalizar.

………

O **sal de mesa**, extraído da terra, é formado por finos cristais granulados. Às vezes, é fortificado com iodo para fins nutricionais (caso contrário, é chamado de sal simples) e geralmente contém um aditivo que o mantém soltinho.

O **sal kosher** (que pode vir tanto de fontes terrestres quanto marinhas) possui cristais grossos e irregulares e costuma ser livre de aditivos. Ele não tem nada a ver especificamente com leis religiosas – os flocos grandes e irregulares são usados para remover o sangue da carne crua, um processo chamado de koshering. O sal kosher é fácil de pegar com os dedos e polvilhar sobre a carne (de fácil visualização, ajuda a evitar que a carne fique salgada demais) ou sobre outros pratos. A menos que seja requisitado especificamente, não o use em bolos e biscoitos, já que ele não se dissolve bem em massas e sua textura flocada pode ser detectada.

O **sal saborizado**, que se encaixa na categoria de sal para finalização, pode ser saborizado com fumaça (carvalho, amieiro ou algarobeira), ervas, especiarias ou mesmo outros alimentos (como chá, frutas cítricas ou trufas). Esses sais costumam ser vendidos como mistura de vários ingredientes.

Moer o sal é uma escolha pessoal. Ervas e especiarias ficam melhores quando moídas na hora, para reter seus saborosos óleos essenciais. Como o sal não contém esses óleos, pode ser moído quando for conveniente, já que o tempo não afetará seu sabor. No entanto, moer sal à mesa, especialmente o sal para finalização, dá um toque elegante ao prato.

290 ❋ Segredos de cozinha

Quando uma receita pede sal, geralmente quer dizer sal de mesa, a menos que esteja especificado de outra forma. Como o sal de mesa é fino, os grãos ocupam mais espaço quando medidos do que outros sais. Uma colher (chá) de sal de mesa vai pesar mais do que 1 colher (chá) de sal kosher. Se quiser substituir um pelo outro, 1½ colher (chá) de sal kosher possui quase o mesmo poder de salgar que 1 colher (chá) de sal de mesa. No entanto, como sempre acontece no caso do sal, adaptações devem ser feitas de acordo com o gosto de cada um, já que o tamanho do floco de sal kosher pode variar de uma marca para outra.

Se você mora em local de clima úmido, o sal tende a empelotar, mesmo com aditivos que evitam que isso aconteça. A solução é colocar alguns grãos de arroz no saleiro, junto com o sal. O arroz vai absorver a umidade, mantendo o sal soltinho.

Salmoura

No passado, a salmoura era usada para conservar carnes, mas acabou se tornando um método popular para dar umidade e sabor a carnes magras e aves que tendem a ressecar durante o cozimento. Aves (peru e frango inteiro) e carne de porco (lombo e costeleta) são os exemplos mais comuns. Carnes com muita gordura intramuscular, como a bovina e a de carneiro, não são colocadas em salmoura porque criam umidade natural e sabor suficientes durante o preparo. Mas não se engane com as maravilhas da salmoura. Ao ingerir um suculento pedaço de carne de peru deixado na mistura, você estará sentindo gosto de água salgada, e não dos sucos naturais da carne. A salmoura é uma técnica valiosa, só não exagere.

....

Na salmoura, a carne é mergulhada em uma forte mistura de água (ou outros líquidos, como suco, vinho ou cerveja), sal e aromatizantes (ervas, temperos etc.). Embora haja diferentes opiniões sobre como a salmoura age, a mais comum diz que é por osmose: a água salgada troca de lugar com a água das células da carne. Quando a carne é retirada da salmoura, a água salgada permanece dentro das células, trazendo umidade e sabor à carne.

....

A salmoura deve estar bem gelada (4º C) antes de ser adicionada à carne. Mas a maioria é feita a partir de uma solução fervida, que demora muito para esfriar. Para prepará-la, misture em uma panela grande metade da água da receita com o sal e os aromatizantes. Deixe ferver, mexendo sempre para dissolver o sal. Transfira a salmoura para uma tigela refratária grande, colocada dentro de uma tigela maior contendo água com gelo, e espere até que ela fique morna. Meça a metade restante da água, usando água com bastante gelo. Adicione-a à salmoura e mexa até que o gelo derreta completamente.

....

A carne na salmoura precisa ficar em um local frio, o que, para a maioria de nós, significa a geladeira. Isso nem sempre é prático, ainda mais durante as festas de fim de ano, quando ela fica lotada. Em vez disso, coloque a carne em um saco grande feito com plástico apropriado (um saco de assar peru funciona) e coloque-o em uma caixa ou sacola térmica média. Despeje a salmoura gelada no saco e amarre-o. Feche a caixa térmica e deixe a carne na salmoura pelo tempo recomendado na receita.

....

Não deixe a carne na salmoura por muito tempo. Pedaços pequenos, como pedaços de frango ou costeletas de porco, devem ficar na salmoura por apenas 2 horas, aproximadamente. Para cortes maiores, como lombo de porco, peru ou frango inteiro, o tempo na salmoura deve ser de 2 horas por quilo de carne. Deixar a carne na salmoura por mais tempo do que a receita pede não vai melhorar seu sabor. Ao contrário, a carne ficará salgada demais e com a textura estranha.

....

Após retirar a carne, descarte a mistura. Lave a carne com água fria para remover a salmoura da superfície, depois deixe-a descansar por aproximadamente 1 hora antes de cozinhá-la, assim você vai permitir que a salmoura se espalhe pela carne de maneira uniforme.

Sopa

A maioria das receitas de sopa rende bastante, então os cozinheiros precisam encontrar uma maneira de utilizar as sobras. Congelar é uma boa solução. Você vai conseguir armazenar mais sopa no congelador se os recipientes forem chatos. Coloque uma ou duas porções da sopa fria em sacos plásticos com capacidade para 1 litro. Etiquete a sopa e congele-a para que possa ser descongelada quando quiser.

....

Muitos ensopados podem virar sopas se forem diluídos em caldo ou mesmo água. Fricassê de frango (para fazer sopa creme de galinha) e ensopado de carne (para sopa de carne e legumes) são boas opções para essa transformação.

....

Às vezes, a sopa precisa ser incrementada com arroz ou macarrão. Ao adicionar um grão ou macarrão à sopa, sempre cozinhe-o primeiro, depois junte-o ao preparado. Ambos absorvem muito líquido, e, se forem cozidos com a sopa, ela pode acabar ficando espessa demais. As batatas não costumam causar esse problema.

....

Sopa fria é refrescante quando o clima está quente. Mas não há necessidade de deixá-la na geladeira de um dia para o outro para que fique gelada. Em vez disso, coloque a sopa quente numa tigela refratária inserida em outra tigela grande, parcialmente cheia de água gelada e cubos de gelo. Deixe a sopa esfriar, mexendo de vez em quando, adicionando mais cubos de gelo à medida que forem derretendo.

Sorvete

Todo mundo adora sorvete com bolo em festas, mas é demorado servir esse tipo de sobremesa para todos os convidados. Esta é uma ótima dica para prepará-la com antecedência: algumas horas antes da festa, coloque bolas de sorvete em uma assadeira forrada com filme plástico. Cubra com mais filme plástico e congele. Na hora da sobremesa, as bolas estarão prontas para ir diretamente para o prato. Para que a aparência fique atraente, deixe uma tigela no freezer por alguns minutos e transfira as bolas de sorvete para ela.

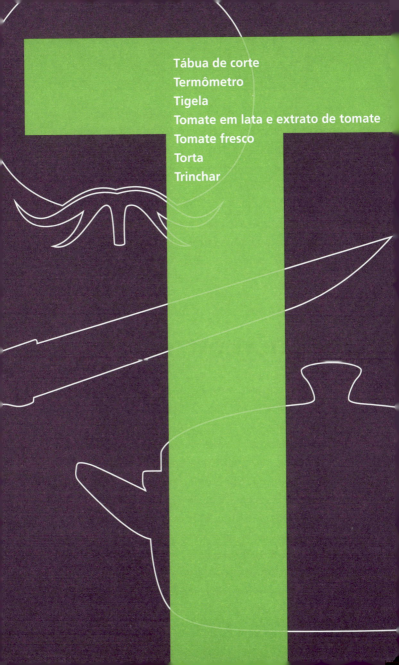

Tábua de corte
Termômetro
Tigela
Tomate em lata e extrato de tomate
Tomate fresco
Torta
Trinchar

Tábua de corte

Para evitar contaminação cruzada (a transferência de bactérias da carne) entre carne bovina e de frango cruas e outros alimentos, tenha duas tábuas de corte. Reserve uma para carne bovina e de frango e outra para os demais alimentos.

....

Para evitar que a tábua escorregue pela bancada, coloque um pano de prato úmido debaixo dela. Um pedaço de borracha usada para forrar prateleiras também serve, e não precisa ser umedecido.

Termômetro

De vez em quando, teste seus termômetros para carne e para caldas para checar a precisão. Submerja a haste do termômetro em uma pequena panela com água fervente. A leitura no nível do mar deverá ser de 100º C. (Verifique antes qual é a temperatura exata de fervura onde você mora. Em geral, o ponto de fervura da água ocorre a 2º C menos que 100º C para cada 300 metros acima do nível do mar. Por exemplo, 600 metros acima do nível do mar, a água ferve a 96º C.) Se o termômetro apresentar uma diferença de alguns graus para mais ou para menos, anote e desconte a diferença quando usá-lo na próxima vez. Se a diferença for grande, compre outro.

Tigela

Quem gosta de cozinhar nunca reclama que tem tigelas demais. No mínimo, você precisará de tigelas de 1, 2, 3 e 4 litros. Um conjunto de tigelas empilháveis de tamanhos graduados economizará espaço. Uma variedade de tigelas pequenas para separar ingredientes é útil para manter a bancada organizada.

....

Tigelas de aço inoxidável são à prova de calor (ideais para colocar sobre uma panela de água fervente para fazer banho-maria), leves e não quebram, então devem ser as peças principais de sua coleção.

....

Como segundo conjunto, considere as atraentes tigelas de cerâmica, ótimas para servir. Também são úteis para acondicionar massas de pão e pizza enquanto crescem, já que suas paredes grossas protegem melhor a massa que o fino aço inoxidável.

....

Tigelas de madeira costumam ser usadas para servir saladas. Elas podem ser revestidas, envernizadas ou sem nenhum acabamento. Muitos cozinheiros começam a preparar saladas esfregando um dente de alho na parte interna da tigela de madeira. Tigelas revestidas ou envernizadas podem ser lavadas com sabão neutro e água quente. Já as de madeira crua podem absorver o sabor do sabão, então enxágue-as com água quente, depois espalhe um punhado de sal e esfregue a tigela

Tigela

com papel-toalha. O sal vai absorver qualquer resíduo de molho para salada. Enxágue novamente e seque bem antes de guardar.

Tomate em lata e extrato de tomate

Na teoria, tomates picados em lata parecem uma boa ideia. Afinal, se usar os enlatados, você não terá de limpar suco de tomate de sua tábua. No entanto, eles são tratados com cloreto de cálcio para manter o formato durante o cozimento, e às vezes você quer que os tomates desmanchem. Para picar tomates enlatados inteiros sem fazer sujeira, coloque uma parte do suco da lata numa tigela (ou na panela em que vai cozinhá-los). Insira uma tesoura de cozinha dentro da lata e corte os tomates do tamanho que quiser. (Você também pode espremê-los dentro da lata com as mãos, mas tenha cuidado, porque o suco vai espirrar.) Misture com o suco e prossiga com a receita.

....

Molhos marrons às vezes ficam com uma aparência feia. Adicione 1 ou 2 colheres (sopa) de extrato de tomate para intensificar a cor. A acidez do extrato também vai realçar o sabor.

Tomate fresco
Época: de outubro a abril

Nunca guarde tomates na geladeira. O frio mata um de seus principais componentes de sabor e os deixa farinhentos. Guarde-os em local fresco na sua cozinha, longe da luz direta.

....

Em vez de ferver os tomates para soltar a pele, grelhe-os na churrasqueira. É só colocá-los no fogo para grelhar, virando de vez em quando, até que a pele esteja levemente queimada e aberta. (Você também pode assá-los.) Deixe-os esfriar e em seguida remova a pele. Essa técnica também dá um delicioso sabor defumado aos tomates.

Torta

O recheio cremoso de sua torta fica mais ralo à medida que esfria? Isso acontece quando recheios engrossados com amido de milho contêm ovos que não foram bem cozidos. As enzimas do ovo reagem com as moléculas de amido de milho cheias de líquido, que explodem e fazem com que o líquido vaze. Para evitar que isso aconteça, cozinhe o creme por 30 segundos, desativando as enzimas dos ovos. Geralmente, os ovos ta-

301

lham quando fervidos, mas o amido de milho impede que isso aconteça.

....

É uma boa ideia colocar a forma de torta sobre uma assadeira para evitar respingos, o que também ajuda a deixar a base da torta crocante. Ao contrário das grades do forno, a assadeira de metal quente vai criar uma superfície sólida para aquecer e dourar a massa de maneira uniforme. Coloque a assadeira no forno enquanto ele preaquece para que ela esteja quente para a torta. Se tiver uma pedra de assar, coloque-a no forno ao ligá-lo e depois coloque a forma da torta dentro de uma assadeira em cima da pedra (ou forre a pedra com papel-manteiga), para o caso de o recheio borbulhar e respingar.

....

"Massa fria, forno quente" é um mantra que os confeiteiros conhecem bem. Sempre refrigere sua torta com recheio de frutas por 30 minutos antes de assá-la. Não espere mais de 1 hora, senão o açúcar do recheio fará com que o suco das frutas saia e encharque a base da torta.

....

Muitos recheios de torta pedem tapioca instantânea, que é um excelente espessante, porque, ao contrário do amido de milho e da araruta, não desmancha quando misturada a ingredientes ácidos, como suco de frutas silvestres. No entanto, algumas pessoas não gostam de ver bolinhas de tapioca na torta. A solução? Moa as bolinhas no moedor de especiarias até virarem pó antes de adicioná-las ao recheio.

....

Um dos motivos pelos quais o merengue solta caldo é porque as claras cruas se desmancham quando tocam o recheio frio. Se forem espalhadas sobre recheio quente, começarão a cozinhar imediatamente. Para evitar que a cobertura da torta de limão solte caldo, sempre espalhe o merengue sobre o recheio de limão bem quente.

....

A pâte sucrée, a clássica massa francesa usada em tortas, é rica em manteiga, ovos e açúcar. É uma massa grudenta difícil de abrir, mesmo entre as folhas de papel-manteiga indicadas em muitas receitas. Como o açúcar e a manteiga amaciam muito a farinha de trigo, abrir a massa com o rolo é uma opção, não uma necessidade. Na próxima vez que fizer uma torta com esse tipo de massa, apenas pressione-a de maneira firme e uniforme na forma, certificando-se de que está com a mesma espessura nas laterais e no fundo. *Voilà*!

....

Sempre segure a forma de torta de fundo falso pelas laterais, senão o aro pode ficar pendurado em seu braço como uma pulseira gigante. E, quando quiser desenformar a torta, coloque a forma sobre uma lata larga ou uma tigela invertida e deixe o aro cair.

Trinchar

Trinchar o peru de Natal (ou mesmo um frango assado) vai ser mais fácil se você usar os utensílios corretos. A faca de trinchar deve ser fina e flexível e ter pelo menos 30 cm de comprimento, com a ponta afiada para cortar ligamentos rígidos. O garfo de trinchar deve ter dois dentes longos e afiados e um cabo que possa ser segurado com firmeza.

Ao assar, o ar quente do forno empurra para o centro a umidade dos alimentos – rosbife, frango, peru. Antes de trinchar, deixe o assado descansar à temperatura ambiente para que os sucos se redistribuam pela carne. Espere 10 minutos para trinchar um frango assado, cerca de 15 minutos para cortes grandes de carne, como costela ou pernil de carneiro, e pelo menos 20 minutos para um peru, dependendo do tamanho. Se você trinchar o assado antes do tempo, os sucos vão escorrer, e a carne vai acabar ficando seca. O tempo de descanso não vai esfriar muito o assado. Na verdade, graças ao calor residual, a temperatura interna pode até subir alguns graus.

Ver também **Carne bovina, Peru**

Umami
Utensílios antiaderentes
Utensílios de aço inoxidável
Utensílios de aço-carbono e aço azul
Utensílios de cerâmica
Utensílios de cobre
Utensílios de ferro fundido
Utensílios de silicone
Uva-passa e groselha seca
Vegetais
Verduras para salada
Vinagre
Vinagre balsâmico
Vinho
Vitela
Xarope de bordo

Umami

Os cientistas pensavam que a língua humana conseguia detectar apenas quatro sabores básicos: doce, azedo, salgado e amargo. Recentemente, um quinto sabor foi adicionado à lista, o umami. É o sabor intenso que se sente ao ingerir alimentos ricos em glutamatos naturais. Alguns alimentos ricos em umami são anchovas, presunto cru, queijo parmesão, cogumelos, vinagre balsâmico e caldos. Esses ingredientes também realçam o sabor dos alimentos cozidos ou servidos com eles. O glutamato monossódico (MSG), isolado das algas marinhas por cientistas japoneses, é um conhecido realçador de sabor e o exemplo máximo de umami.

Utensílios antiaderentes

Você encontrará no mercado uma série de revestimentos antiaderentes excelentes, usados em inúmeros utensílios de cozinha. Utensílios de alumínio antiaderente são uma escolha inteligente e barata, porque ele é bom condutor de calor e o revestimento antiaderente soluciona o problema de o alumínio ser um metal reativo. Um acabamento antiaderente em utensílios de cobre revestido com inox ou de metal triplo é mais caro, mas é um investimento que se paga com o decorrer do tempo.

....

Use fogo médio ou médio-baixo quando cozinhar em utensílios antiaderentes, porque o fogo alto (acima de 260º C) pode danificar o revestimento. Esses utensílios podem ser preaquecidos, mas apenas em fogo moderado, e o alimento deve ser adicionado assim que a panela atingir a temperatura desejada. Podem ainda ser usados no forno, mas não em temperatura acima de 200º C. Consulte as recomendações do fabricante, já que os limites de temperatura podem variar de acordo com a marca.

....

Se você empilhar frigideiras antiaderentes para guardá-las, o revestimento pode acabar sendo danificado. Coloque um prato de papel ou de plástico ou duas folhas de papel-toalha entre as frigideiras para protegê-las.

Utensílios de aço inoxidável

Sozinho, o aço inoxidável não é bom condutor de calor, e é por isso que quase sempre é aliado a bons condutores, como o cobre ou o alumínio. Qualquer uma dessas duas combinações é bastante usada em panelas, frigideiras e caçarolas. Trata-se de um material extremamente durável.

....

O aço inoxidável pode ser lavado na lava-louças, mas água morna e sabão também dão conta do recado. Para manter o exterior brilhante, use um pó abrasivo suave específico para esse material.

Utensílios de aço-carbono e aço azul

O aço-carbono, no qual a liga principal é o carbono, é o material preferido para woks, omeleteiras e crepeiras, porque é fino, leve e aquece rapidamente em altas temperaturas. O aço azul é o aço-carbono tratado por calor, um processo que o deixa azul e garante que a panela resista à oxidação.

....

Algumas panelas de aço vêm com um verniz transparente que tem de ser removido antes de a panela ser usada. Para removê-lo, esfregue a panela com um pano macio embebido em acetona. Panelas sem o verniz provavelmente foram untadas com óleo antes da venda para evitar que enferrujassem. Lave-as bem com água quente e sabão e seque-as completamente.

....

Tanto o aço-carbono quanto o aço azul têm de ser curados. Veja como fazer isso em **Utensílios de ferro fundido**.

....

Para limpar uma panela de aço-carbono ou aço azul, esfregue o interior com sal grosso e um pouco de água quente para remover restos de alimento, depois enxágue bem. Evite detergente e máquina de lavar, senão você terá de curar a panela novamente. O aço-carbono pode enferrujar, então, para que isso não aconteça, seque a panela completamente após lavá-la, depois coloque-a em fogo médio por alguns minutos. Por fim, esfregue-a levemente com uma folha de papel-toalha umedecida em óleo de canola, amendoim ou vegetal antes de guardá-la em local seco. Não a armazene em saco plástico, que pode reter umidade e, com isso, causar ferrugem.

Utensílios de cerâmica

Os utensílios de cerâmica são feitos de produtos à base de argila ou não, moldados e queimados até endurecer. A cerâmica não é um bom condutor de calor, então alimentos preparados em travessas desse material aquecem mais lentamente, permitindo que os sabores se fundam. Ela também minimiza a crosta, o que é útil ao fazer batatas gratinadas, que podem queimar em travessas de metal. A maioria dos pratos preparados em cerâmica é servida diretamente na travessa. Se quiser cozinhar na boca do fogão, siga as instruções do fabricante para evitar que o recipiente quebre e use um difusor de calor.

....

Utensílios de barro, que são queimados a temperaturas relativamente baixas, contêm a maior quantidade de argila natural e geralmente mantêm sua cor marrom-avermelhada natural. Trata-se de um material altamente poroso, que deve ser vitrificado para se tornar resistente à água. Também é delicado e propenso a lascar, então tenha cuidado ao manusear travessas desse material. Lave-as à mão, com água e sabão. Nunca as coloque na lava-louças, pois isso pode danificar a parte vitrificada. Pratos com feijão ficam especialmente deliciosos quando cozidos em utensílios de barro, já que o feijão cozinha lentamente e absorve o máximo de sabor.

....

A **cerâmica vitrificada** possui alta proporção de argila e outros minerais. É queimada em altas temperaturas, o que a torna suficientemente resistente para suportar o uso constante. Travessas com tampa, ideais para ensopados, geralmente são feitas de cerâmica vitrificada.

....

A **porcelana** é feita de argila branca (chamada caulim) e outros materiais. A porcelana pura, se fina, é translúcida, mas, para sua durabilidade, utensílios de cozinha geralmente são feitos de materiais que contenham menos argila branca e, portanto, sejam menos propensos a quebrar. Como a porcelana é branca, combina bem com uma série de alimentos, e também é o material preferido para formas de suflê e ramequins.

Utensílios de cobre

O cobre é um excelente condutor de calor, espalhando-o rápida e uniformemente por toda a panela, e também esfria bem rápido. Trata-se de um metal reativo, o que significa que reage com ingredientes ácidos, por isso formas e panelas de cobre costumam ser revestidas de latão ou inox. O latão é macio e risca facilmente (e talvez precise ser substituído com o uso), mas o inox é resistente, por isso é a escolha de muitos chefs. Tigelas de cobre sem revestimento podem ser usadas para bater claras em neve (o cobre interage quimicamente com as claras, ajudando a estabilizá-las), e panelas de cobre sem revestimento podem ser usadas para cozinhar misturas que levam grande quantidade de açúcar, como caldas, geleias e compotas.

....

Algumas panelas de cobre são tratadas com uma camada de verniz transparente, que precisa ser removida antes do uso. Para isso, esfregue a panela com um pano macio umedecido com acetona. Ou mergulhe-a em um caldeirão de água fervente misturada com 1 colher (sopa) de bicarbonato de sódio. A camada de verniz vai se soltar facilmente.

....

311

O cobre pode desbotar quando exposto ao ar úmido e adquirir manchas verdes. Para limpá-lo, prepare uma pasta com partes iguais de sal e farinha de trigo umedecidos com vinagre branco destilado ou suco de limão. Ou mergulhe a parte cortada de um limão em sal grosso e use-o como uma espécie de esponja. Em ambos os casos, enxágue o cobre e seque-o imediatamente após a limpeza.

Utensílios de ferro fundido

O ferro fundido absorve calor de modo mais lento que outros materiais, mas o retém bem, de maneira uniforme. Utensílios de ferro fundido podem ser usados no fogão, no forno, no grill ou até na churrasqueira. São ótimos para cozinhar em altas temperaturas, e o bife preparado em uma panela de ferro fundido cria uma crosta caramelizada quase igual àquelas obtidas em churrasqueira externa. O ferro fundido sem acabamento reage com ingredientes ácidos, como tomate e vinho, por isso muitos cozinheiros preferem o esmaltado, que impede esse tipo de reação. Uma panela grande de ferro fundido esmaltado é um item essencial em uma cozinha bem equipada.

O ferro fundido novo e sem revestimento é sensível e deve ser curado antes de usar. (Alguns fabricantes já vendem utensílios de ferro fundido pré-curado, então verifique a embalagem.) Para curar, esfregue o interior da panela com óleo vegetal sem sabor. Coloque-a em uma assadeira e leve tudo ao forno preaquecido a 180º C por 1 hora. Depois deixe esfriar no forno e remova o resíduo de óleo com papel-toalha. Com o uso constante, o ferro fundido vai desenvolver uma cobertura antiaderente natural, por isso tente utilizar o máximo possível seus utensílios de ferro fundido. Caso não os use com frequência, cure-os a cada 6 meses. Não é preciso submeter o ferro fundido esmaltado a esse processo.

....

Não lave utensílios de ferro fundido com água e sabão para não remover a cura. Nunca use esponjas abrasivas nem lave na máquina de lavar louça. Em vez disso, enxágue a panela com água quente e, com uma espátula de madeira, raspe os restos de comida. Polvilhe-a com sal grosso e limpe com papel-toalha. Para evitar ferrugem, seque bem e coloque a panela em fogo médio para que qualquer umidade evapore. Não guarde utensílios de ferro fundido em saco plástico para "protegê-los". O saco pode prender a umidade e provocar ferrugem.

Utensílios de silicone

O silicone se tornou um dos materiais favoritos para utensílios de culinária. É resistente ao calor (na maioria dos casos, suporta até 270º C, a temperatura típica máxima de uma superfície na culinária, embora alguns

Utensílios de silicone

utensílios aguentem até 425° C), à água (não absorve líquidos), é um material antiaderente e não reativo. Colheres, espátulas e pincéis são os utensílios de silicone mais comuns, mas você também encontrará xícaras medidoras retráteis, que cabem facilmente numa gaveta. E, com um rolo de silicone, você pode abrir massa de biscoitos sem receio de que ela grude no rolo.

....

Tapetes de silicone podem substituir o papel-manteiga para forrar assadeiras e podem ser usados centenas de vezes antes de perder sua capacidade antiaderente. Devido à sua relativa espessura, protegem os alimentos do calor, além de fornecer uma superfície antiaderente. O resultado é que alguns biscoitos podem não ficar tão crocantes por baixo quanto ficam quando assados sobre papel-manteiga. (Mas biscoitos macios ficarão ainda mais fofinhos.) Dependendo da marca, tapetes de silicone aguentam de 250° a 480° C, então verifique o rótulo do fabricante para determinar se o que você está usando é seguro para assar pães em altas temperaturas.

Ver também **Assadeiras e formas, Biscoitos, Cookies**

Uva-passa e groselha seca

Ver **Frutas secas**

Vegetais

As épocas fornecidas nos verbetes sobre frutas e legumes se referem às épocas de plantio no país, mas, graças à importação, a maioria desses alimentos está disponível no mercado praticamente o ano todo. Para obter o melhor sabor, compre produtos na época, de produtores locais.

....

Mesmo que o rótulo diga que um vegetal já foi lavado, sempre enxágue-o em água corrente ou mergulhe-o numa tigela de água fria, mexendo com as mãos. Isso é importante principalmente no caso das verduras, que costumam ser ingeridas cruas.

....

Deixe sempre uma escovinha para legumes perto da pia para lavar vegetais que possam ter terra na casca. Abobrinhas e batatas, em particular, podem parecer que precisam apenas de uma rápida enxaguada, mas escove-as sob água corrente para remover a sujeira escondida.

Ver também **Abóbora, Abobrinha, Alcachofra, Alho-poró, Aspargo, Batata, Batata-doce e cará, Berinjela, Beterraba, Cebola, Cebolinha, Espinafre, Pimentão**

315

Comprando produtos orgânicos

Toda vez que você compra produtos orgânicos, está reduzindo sua própria exposição a pesticidas. A empresa de pesquisa sem fins lucrativos Environmental Working Group (EWG) patrocinou um estudo nos Estados Unidos para estabelecer os níveis de pesticidas em frutas, verduras e legumes comuns, e suas descobertas estão na lista a seguir. A coluna "Compre orgânico" mostra os doze legumes, frutas e verduras (também conhecidos como "dúzia suja" pelo EWG) que demonstraram ter a maior quantidade de resíduos de pesticidas, dos níveis mais altos para os menores, embora todos apresentassem grande quantidade dessas substâncias. A coluna "Compre convencional" lista os doze produtos mais "limpos", começando pelo menos contaminado, embora todos tenham sido considerados seguros por seu baixo nível de resíduos de pesticidas. Você pode decidir comprar versões orgânicas dos itens mais contaminados e economizar com aqueles que não retêm tantos resíduos de pesticidas.

Escolhendo entre produtos orgânicos e convencionais

Compre orgânico	Compre convencional
Pêssego	Cebola
Maçã	Abacate
Pimentão	Milho (congelado)
Salsão	Abacaxi
Nectarina	Manga
Morango	Ervilha (congelada)
Cereja	Aspargo
Alface	Kiwi
Uva	Banana
Pera	Repolho
Espinafre	Brócolis
Batata	Berinjela

Verduras para salada

Para que as verduras fiquem frescas por mais tempo, lave-as e seque-as em uma centrífuga para saladas logo depois de comprá-las. Depois, umedeça um pedaço de papel-toalha com água e aperte para remover o excesso. Coloque o papel umedecido em um saco plástico e adicione as verduras lavadas e secas (disponha verticalmente folhas grandes de alface). Feche o saco e guarde-o na gaveta de verduras da geladeira. O papel-toalha vai fornecer a umidade de que as verduras precisam para ficar frescas.

Vinagre

O vinagre é apenas um álcool líquido que foi manipulado para azedar. Vinho (de uvas, incluindo xerez, ou, na culinária asiática, de arroz), sidra de maçã e outros sucos de fruta fermentados e cerveja ale (feita de cevada maltada para fazer vinagre de malte) são apenas algumas das bebidas alcoólicas transformadas em vinagre. Qualquer vinagre (embora, por motivos de custo, o de malte seja uma exceção) pode ser destilado para remover suas nuances de cor e sabor e fazer vinagre branco destilado.

....

Ao comprar vinagre de arroz para culinária, leia atentamente o rótulo para se certificar de que a mistura não inclua nada além de vinagre. Alguns vinagres de arroz (geralmente rotulados de "gourmet" em letras miúdas) na verdade contêm açúcar e sal e são específicos para misturar com o arroz morno para sushi.

....

Se seu vinagre apresentar uma camada fina e viscosa no fundo da garrafa, não significa que está estragado. Essa camada é a "mãe" do vinagre, que se desenvolve quando um pouco de açúcar ou álcool não fermentado permanece acidentalmente no líquido usado para fazer o preparado. Não é prejudicial, mas, caso o incomode, coe o vinagre através de um filtro de papel para uma garrafa limpa.

....

Você pode fazer seu próprio vinagre de ervas. Encha dois terços de uma garrafa limpa com vinagre de vinho tinto. Adicione um dente de alho descascado. (Repare que o alho pode ficar azul ou verde dentro do vinagre. É impossível prever, mas isso não significa que ele esteja estragado.) Use um hashi para enfiar na garrafa ervas frescas lavadas e secas, como manjericão, alecrim, salsinha, sálvia etc., ou uma combinação delas. Preencha a garrafa com vinagre e tampe. Mantenha-o em local fresco e escuro por 24 horas, depois use-o em saladas. À medida que o vinagre for acabando, adicione mais. Você pode preencher a garrafa durante vários meses, até que o sabor das ervas fique fraco e você tenha de repetir todo o processo.

Ver também **Vinagre balsâmico**

Vinagre balsâmico

Na Itália, o verdadeiro vinagre balsâmico não é considerado um ingrediente ácido para molhos de salada, mas um condimento para temperar carnes grelhadas ou os melhores morangos da estação. Existem três variedades bem diferentes: *aceto balsamico tradizionale*, comercial e *condimento*.

....

O *aceto balsamico tradizionale*, ou "vinagre balsâmico tradicional", é elaborado em pequenas quantidades sob condições rigorosamente controladas, na região de Módena e Reggio Emilia, em Emilia-Romagna. Esse produto artesanal é protegido pela lei italiana e pelo padrão de origem determinado pela União Europeia. Criado a partir do suco reduzido de uvas-brancas doces (tradicionalmente a trebbiano), possui uma doçura sutil e assume complexos sabores adicionais graças ao envelhecimento em barris de castanheira, carvalho e outras madeiras. O longo processo de envelhecimento evapora ainda mais o líquido, deixando-o levemente viscoso. O nome vem de *balsanum*, a palavra em latim para uma resina aromática que alivia e relaxa ("bálsamo", em português, vem da mesma palavra), indicando que originalmente o condimento era considerado saudável e até usado como remédio. O *tradizionale* precisa envelhecer por pelo menos doze anos, portanto é bem caro, mas vale cada centavo.

....

O vinagre balsâmico comercial industrializado, feito de vinagre de vinho artificialmente aromatizado e que não é envelhecido, às vezes é rotulado de "vinagre balsâmico de Módena". Para aprimorar o sabor e a textura, adicione a cada xícara de vinagre uma boa pitada de açúcar mascavo.

O vinagre balsâmico *condimento* costuma ser bom e pode ser uma ótima alternativa para o balsâmico comercial de qualidade duvidosa e para o excelente, mas caríssimo, *tradizionale*. Costuma ser fabricado em Módena ou em Reggio Emilia e geralmente segue muitos dos métodos de fabricação tradicionais de seu parente mais caro. Mas, ao contrário do *aceto balsamico tradizionale*, o *condimento* não é regulado por padrões específicos, então pode haver grandes diferenças entre as marcas. Quando encontrar uma marca que lhe agrade, não mude.

Muitos chefs usam um pouco de vinagre balsâmico reduzido para decorar pratos e conferir um elemento adicional de sabor. Para preparar esse útil ornamento, ferva 1 xícara de vinagre balsâmico comercial em uma panela pequena, em fogo alto, até que reduza e se torne um xarope espesso. O preparado vai durar indefinidamente se armazenado em um pote hermeticamente fechado em temperatura ambiente.

Vinho

Ao escolher um vinho para cozinhar, lembre-se de que o ditado sobre cozinhar com um vinho que você gostaria de beber é verdadeiro. Mas use um vinho de preço razoável, não um especial. Evite aqueles que tenham sido envelhecidos em carvalho, já que o sabor da madeira pode ficar pronunciado demais no prato. No caso de vinho branco, escolha um Pinot Grigio ou Sauvignon Blanc, que são ácidos, em vez de um Chardonnay, já que os dois primeiros raramente envelhecem em barris de carvalho. Boas escolhas de vinhos tintos são Shiraz ou Zinfandel, ou ainda uma mistura Cabernet-Shiraz não envelhecida em barris de carvalho.

....

O vinho Marsala é usado em muitos pratos italianos. Mas lembre-se de que existem dois tipos básicos: seco e doce. Para obter o melhor resultado, use o doce em sobremesas, como zabaione, e o seco em pratos salgados, como vitela à Marsala.

Ver também **Bebidas alcoólicas**

Vitela

Filés de vitela geralmente são batidos para ficar mais finos. Não use papel-manteiga, pois pode rasgar. Em vez disso, coloque os filés num saco plástico com capacidade para 4 litros e use um batedor de carne liso ou uma garrafa de vinho vazia para bater.

....

Se você costuma se frustrar com bolo de carne que desmancha, adicione vitela moída à mistura. A vitela moída possui bastante colágeno, uma proteína que, quando aquecida, se transforma em gelatina, o que vai ajudar a manter o bolo de carne unido. Substitua ⅓ da carne moída por vitela moída.

Xarope de bordo

O xarope de bordo, mais comumente encontrado nos Estados Unidos e no Canadá, é classificado pela intensidade da cor e do sabor, não pela qualidade. O nível A, feito da primeira coleta da seiva do bordo, tem cor clara e sabor suave, sendo o preferido para acompanhar panquecas. Para cozinhar, use o xarope de nível B, mais escuro e com sabor mais concentrado.

Conversão de medidas e equivalentes

FÓRMULAS PARA CONVERSÃO DE MEDIDAS

Para converter	Multiplique
Onças (*ounces, oz*) em gramas	Onças por 28,35
Libras (*pounds, lb*) em quilogramas	Libras por 0,454
Colheres (chá) em mililitros	Colheres (chá) por 4,93
Colheres (sopa) em mililitros	Colheres (sopa) por 14,79
Onças fluidas (*fluid ounces, fl oz*) em mililitros	Onças fluidas por 29,57
Xícaras em mililitros	Xícaras por 236,59
Xícaras em litros	Xícaras por 0,236
Quartilhos (*pints, pt*) em litros	Quartilhos por 0,473
Quartos (de galão) (*quarts, qt*) em litros	Quartos (de galão) por 0,946
Galões (*gallons, gal.*) em litros	Galões por 3,785
Polegadas (*inches, in.*) em centímetros	Polegadas por 2,54

EQUIVALENTES APROXIMADOS

Volume

¼ colher (chá)	1 mililitro
½ colher (chá)	2,5 mililitros
¾ colher (chá)	4 mililitros
1 colher (chá)	5 mililitros
1¼ colher (chá)	6 mililitros
1½ colher (chá)	7,5 mililitros
1¾ colher (chá)	8,5 mililitros
2 colheres (chá)	10 mililitros
1 colher (sopa) (½ onça fluida)	15 mililitros
2 colheres (sopa) (1 onça fluida)	30 mililitros
¼ xícara	60 mililitros
⅓ xícara	80 mililitros
½ xícara (4 onças fluidas)	120 mililitros
⅔ xícara	160 mililitros
¾ xícara	180 mililitros
1 xícara (8 onças fluidas)	240 mililitros
1¼ xícara	300 mililitros
1½ xícara (12 onças fluidas)	360 mililitros
1⅔ xícara	400 mililitros
2 xícaras (1 quartilho)	460 mililitros

3 xícaras	700 mililitros
4 xícaras (1 quarto de galão)	0,95 litro
1 quarto mais ¼ xícara	1 litro
4 quartos (1 galão)	3,8 litros

Peso

¼ onça	7 gramas
½ onça	14 gramas
¾ onça	21 gramas
1 onça	28 gramas
1¼ onça	35 gramas
1½ onça	42,5 gramas
1⅔ onça	45 gramas
2 onças	57 gramas
3 onças	85 gramas
4 onças (¼ libra)	113 gramas
5 onças	142 gramas
6 onças	170 gramas
7 onças	198 gramas
8 onças (½ libra)	227 gramas
16 onças (1 libra)	454 gramas
32,25 onças (2,2 libras)	1 quilograma

Comprimento

⅛ polegada	3 milímetros
¼ polegada	6 milímetros
½ polegada	1,25 centímetro
1 polegada	2,5 centímetros
2 polegadas	5 centímetros
2½ polegadas	6 centímetros
4 polegadas	10 centímetros
5 polegadas	13 centímetros
6 polegadas	15,25 centímetros
12 polegadas (1 pé)	30 centímetros

TEMPERATURAS DE FORNO

Para converter Fahrenheit para Celsius, subtraia 32 do Fahrenheit, multiplique o resultado por 5 e depois divida por 9.

Descrição	Fahrenheit	Celsius	Marcação de gás (britânica)
Muito frio	200°	95°	0
Muito frio	225°	110°	¼
Muito frio	250°	120°	½
Frio	275°	135°	1
Frio	300°	150°	2
Morno	325°	165°	3
Moderado	350°	175°	4
Moderadamente quente	375°	190°	5
Quase quente	400°	200°	6
Quente	425°	220°	7
Muito quente	450°	230°	8
Muito quente	475°	245°	9

INGREDIENTES COMUNS E SEUS EQUIVALENTES APROXIMADOS

1 xícara de arroz branco cru = 185 gramas

1 xícara de farinha de trigo = 140 gramas

1 tablete de manteiga (4 onças/½ xícara/8 colheres (sopa)) = 110 gramas

1 xícara de manteiga (8 onças/2 tabletes/16 colheres (sopa)) = 220 gramas

1 xícara de açúcar mascavo, comprimido na xícara = 225 gramas

1 xícara de açúcar comum = 200 gramas

Informações compiladas de uma série de fontes, incluindo Recipes into Type, *de Joan Whitman e Dolores Simon (Newton: Biscuit Books, 2000);* The New Food Lover's Companion, *de Sharon Tyler Herbst (Hauppauge: Barron's, 1995); e* Rosemary Brown's Big Kitchen Instruction Book *(Kansas City: Andrews McMeel, 1998).*

Índice remissivo

A

Aba de filé, 79, 80
Abacate, 16-17, *Ver também* Avocado
   amadurecimento, 16, 181
   convencional, 317
   de casca áspera, 16
   descoloração, 17
   época, 16
   tipos, 16
Abacaxi, 199
   convencional, 317
Abóbora, 18-19
   cortar, 19
   seca, como substituta para
    abóbora, 18
   substituições, 18
   variedades para cozinhar, 18
Abobrinha, 20, 315
   salgar, 20
Abridor de ostras, 234-35
Acém, 71, 81, 113, 114, 144, 193
   utilização, 113
Aceto balsamico tradizionale
   (vinagre balsâmico tradicional),
   320, 321
Aço inoxidável, *Ver* Utensílios de
   aço inoxidável
Aço-carbono e aço azul, *Ver*
   Utensílios de aço-carbono e aço
   azul
Açúcar, 20-22
   batido com manteiga, 91, 97
   baunilhado, 73
   caramelizado, 22-23
   de confeiteiro, 21, 219
   demerara, 22, 219
   derreter, para crème brûlée, 21,
    199
   derreter, sem voltar a cristalizar,
    20-21
   mascavo, 21, 99-100, 165, 219,
    321, 329
   mascavo não refinado, 22

   mascavo *versus* mascavo escuro,
    22
   turbinado, 21, 219
Adoçantes líquidos/xaropes, *Ver*
   Mel, Melado, Xarope de bordo,
   Xarope de milho
   equivalência de volume/peso, 220
Água
   em massa para torta, 207
   temperatura da, para tipos de
    chá, 123
   temperatura de fervura, 298
   teste da água fria para bala,
    63-64, 65
Água acidificada, 27, 28
AH, *Ver* Amino-heterocíclicos
Alcachofra, 27-28
   descoloração, 28
   época, 27
   preparação, 27-28
   vinho e, 28
Alcatra, 79, 114
Alface, 122, 279, 318
   orgânica, 317
Alho, 29-30, 299, 319
   amassar, 29
   descascar, 29
   eliminação de odor, 29
   picar, 274
   purê de, 30, 280
Alho-poró, 30
   limpeza, 30
   pontas, 30
Almofariz, 31, 183
Alumínio, *Ver* Assadeiras de
   alumínio, Formas de alumínio,
   Panelas de alumínio
Alumínio anodizado, *Ver* Utensílios
   de alumínio anodizado
Amadurecimento, 201, 225
   abacate, 16
   banana, 66

caqui, 111, 112
frutas frescas, 181
Amêndoa, 31-32, 190, 221
  em filetes, 31
  em lâminas, 31
  farinha de, 32
  natural, 31
  pasta de, 222
  sem pele, 31
  xarope de, 74
Amido de milho, 32-33, 35, 77, 159, 166, 301-2, *Ver também* Araruta
Amino-heterocíclicos (AHs), 207
Anchova, 33-34, 306
  no sal, 34
    encontrar, 34
    preparar, 34
  pasta de, 33
Araruta, 35, 302
Armazenamento
  aspargo, 39
  batata, 68-69
  batata-doce, 70
  bolos, 93
  branqueamento e, 99
  cebola, 120
  cogumelos, 135
  ervas secas, 153
  especiarias, 153-55
  farinha, 157-58, 159
  farinha de rosca, 160
  favas de baunilha, 72
  feijões secos, 161
  frutas oleaginosas, 183
  manteiga, 202
  ovo, 235
  papel-manteiga, 255
  peixe, 260
  saco de confeitar e bicos, 288
  utensílios antiaderentes, 307
  verduras, 318
Aro para pudim, 47
Arroz, 36-37, 227, 291, 294, 329
  categorias, 36
  colorido, 38
  de grão curto, 36, 38

de grão longo, 36, 38
de grão médio, 36, 38
lavar, 36
panela de, 37
para risoto, 38, 284
selvagem, 36
soltinho, 36-37
tipos, 38
vinagre de, 318-19
Aspargo, 39, 98
  armazenamento, 39
  convencional, 317
  época, 39
  preparação, 39
Assadeiras, 18, 40-51, 56, 62, 67, 76, 92-93, 99,118, 139, 154, 162, 172, 179, 185, 214, 229, 230, 246, 249, 255, 257, 258, 260, 266, 269, 284, 295, 302, 313, 314, *Ver também* Formas
  antiaderentes, 41, 42
  de alumínio, 40, 45
  de cookies, 45
  de cerâmica, 41
  de silicone, 42
  de vidro, 40-41
  escuras, 41
  genéricas, 45
  grade de, 179, 255
    papel-alumínio como, 255
  para tortas, 302
  posicionamento, 53
  tamanho e formato, 48
  tipos de, 49-51
  volume, 51
Assar, *Ver também* Biscoitos, Bolos, Cookies, Tortas
  bacon, 62
  bater demais a massa, 53
  definição, 52
  dicas divinas, 52-54
  grade de resfriamento, 54
  marcando o tempo, 54
  medidas, 52
  óleo *versus* manteiga para, 191
  posição da grade, 53

preaquecimento, 53
resfriamento, 54
temperatura, 53
Autólise (descanso da massa), 247
Aveia, 55, 219
Avelã, 56, 190, 221, 222
remoção da pele, 56
Aves, 57, *Ver também* Frango, Peru
congeladas, 57
contaminação, 57
fechar a cavidade, 281
galeto, 171
ganso, 257
lavar, 57
pato, 257
rechear, 281
Avocado, 16
Azeite de oliva, 33, 58-59, 99, 167,
177, 221, 230, 272
armazenamento, 58-59
versus azeite de oliva
extravirgem, 58
Azeitona, 58, 60

B

Bacon, 62, 281
assar, 62
congelar, 62
Bala, 63-65
caramelo, 23, 65
cristalização, 64
forno de micro-ondas para, 64
pontos de, 12, 63
temperatura, 12, 63, 64, 65
termômetro, 63, 64
teste da água fria, 63-64, 65
Balança de cozinha, 92-93, 136,
137, 216
para conversão de medidas, 216
Banana, 66, 181
amadurecimento, 66
convencional, 317
Banho-maria, 67, 124, 129, 168,
227, 275, 299
panela de, 242-43

Barbante culinário, 68
Barro, *Ver* Utensílios de cerâmica
Batata, 40, 68-69, 70, 179, 257, 279,
294, 309, 315
armazenamento, 68-69
descoloração, 69
orgânica, 317
para assar, 68
para cozinhar, 68
purê de, 69, 243
Batata-doce, 70-71
armazenamento, 70
cará *versus*, 70
Batedor, 104, 228, 237
de carne, 60, 71, 270, 323
de ovos chato, 229
para polenta empelotada, 272-73
Bater demais a massa, 53
Baunilha, 127
essência de, 26
favas de, 72-73
armazenamento, 72
pontos brancos ou bolor em, 72
reidratar, 72-73
reutilizar, 73
sementes, 72-73
Bebidas alcoólicas, 73-74, *Ver
também* Vinho
martínis, 60
para flambar, 74
para saborizar, 73
substituições, 74
Berinjela, 75-76
convencional, 317
salgar, 75-76
Beterraba, 21, 76-77
assada, 76-77
manchas de, limpar, 77
Beurre manié, 77-78
como espessante, 77
em cozidos e ensopados, 143
usando, 78
Bicarbonato de sódio, 78, 107, 138,
158, 165-66
como fermento químico, 165
validade, 166

Bifes, 78-81
  ancho, 79
  classificação, 78-79
  contrafilé, 80, 114
  de aba de filé, 79
  de acém, 81
  de alcatra, 79, 114
  de filé mignon, 79
  de fraldinha/maminha, 79
  de ponta de agulha, 79
  Delmonico, 79
  Kansas City, 79
  medalhões, 79
  Nova York, 79
  ponto, 80
  porterhouse, 80
  T-bone, 80
  termômetro e, 80
Biscoitos, 41, 53, 54, 55, 85-86, 108,
  180, 254, 256, 290, 314, *Ver*
  também Cookies
  abrindo a massa, 85
  cortando a massa, 86
  dicas, 89
  manteiga para, 85
  manuseando, 85
  misturando, 85
Boleador, 60
Bolo de carne, 161, 323
Bolos, 11, 12, 21, 40, 41, 42, 54, 91-93
  armazenamento, 93
  bundt, 90
    grudar, evitar, 90
  cobertura, 97, 133, 134
  decorados, 134
  em camadas, 11, 42-43, 92-93
  esfriando, 191-92, 97
  formas de, 42-44, 49-51
  Kugelhopf, 51, 90
  massa de, 91-92
    adicionando farinha de trigo,
      91-92
    adicionando ovos, 91, 97
    batendo manteiga e açúcar,
      91, 97
    chocolate, 92

pão de ló, 43, 92, 169
papel-manteiga e, 92, 97
preparação da forma, 92
refrigeração, 97
Branquear, 98-99
  armazenar e, 99
  legumes, 98-99
Brócolis, convencional, 317
Brownies, 99-100, 107
  cobertura, 100
  dicas, 103
  fofinhos, 100
  gotas de chocolate, 100
  ponto, 99
  remover da assadeira, 99
  úmidos, 99-100
Buttermilk, 104, 150, 165, 185, 219,
  221, 233

C

C, *Ver* Celsius
Caçarola, 106, 246, 307
Cacau em pó, 92, 107-8, 219
  natural, 107, 108
  processo holandês, 107-8
Café, 29, 108-9, 227, *Ver também*
  Moedor de café
  armazenamento, 108
  espuma para, 108-9
  moer, 108, 227
Calda, 22, 26, 63-64, 65, 189, 298,
  311
Caldo, 12, 30, 98, 109-10
  cascas de camarão para, 111
  de galinha, 172
  local conveniente para cozinhar,
    109
  ossos para, 109
  sem gordura, 110
Calor, condução de, 40, 41, 42, 43, 46,
  118, 242, 245, 306, 307, 309, 311
Camarão, 110-11
  cascas, para caldo, 111
  no espeto, 110-11
Caqui, 111-12
  amadurecimento, 112

congelar, 112
tipos de, 111-12
Cará, batata-doce *versus*, 70
Caramelo, 21, 22, 23, 63
"caramelizado" em alimentos
assados, 117, 266, 312
dicas, 26
temperatura, 65
Carne bovina, 57, 109, 112-14, 118,
132, 205, 207, 292, 298, *Ver*
também Bifes
acém, 71, 113, 114, 193
alcatra, 114
classificações, 112-13
contrafilé, 114
cortes, 113-14
costela, 114, 118, 304
coxão duro, 114
de primeira, 112, 113
de segunda, 112, 113
especial, 112,113
filé mignon, 114
lagarto, 114
maminha, 114
trinchar, 156, 304
Carne vermelha, 115, *Ver também*
Carne bovina, Carneiro, Porco
carneiro, 116, 206, 283, 292, 304
cozinhar, 141
dourar, para panela elétrica, 245
hambúrguer, 192-94
pontos, 115
refogando, 282-83
sem óleo, 115
tábua de corte, 298
temperar, para grelhar, 132
temperaturas de forno para, 115
tempo de marinar para, 205-6
trinchar, 304
vitela, 323
Carneiro, 116, 206, 283, 292, 304
classificação, 116
de pastagem, 116
dividir, para grelhar, 116
remoção da gordura, 116
trinchar, 304

Carnes assadas, 117-18
assar rápido, para frango, 172
"caramelizado", 117, 266
descanso para, 118
dicas divinas, 117-18
dourar, 117
ponto, 118
temperatura do forno, 117
tempo estimado para peru, 267
termômetro, 118
Cataplana, 119
Cazuela, 119
Cebola, 68, 111, 120, 245, 281
armazenamento, 120
convencional, 317
gases da, 120
Cebolinha, 121, 153
Celsius (C), Fahrenheit *versus*, 137,
170, 328
Cerâmica, *Ver* Utensílios de
cerâmica
Cereja, 60, 121, 185, 221, 285
descaroçar, 121
época, 121
orgânica, 317
Cesto de bambu, 122
bandejas de, 122
limpeza, 122
Chá, 123
congelar, 123
gelado, intensidade do, 123
"saquinho de", 123
temperatura da água *versus* tipo
de, 123
Chantili, 12, 92, 124-25, 149
chocolate branco para, 124
mascarpone para, 124
recuperando, após bater demais,
125
utensílios gelados para, 124
Chardonnay, 322
Cheesecake, 43, 67, 125-26, 199
assando, 125-26
esfriando, 126
misturando o recheio, 125
preparação do cream cheese, 125

Chinois, *Ver* Coador chinês
Chocolate, 100, 107, 108, 126-30
    amargo/meio amargo, 100, 126-27
    ao leite, 127
    branco, 127
    branco, para chantili, 12, 124
    cobertura, 128
    derretendo, 129
    dicas, 103
    engrossamento, 129
    fondue de, 168
    forno de micro-ondas e, 129-30
    ganache de, 134-35
    glacê rápido de, 190
    inimigos do, 129
    pastilhas *versus* gotas, 128
    picar, 128
    porcentagem de cacau, 126, 127
    processador de alimentos, 128
    raspar, 128
    sem açúcar, 127
Churrasco, 131-32
    áreas de calor, 131
    carvão *versus* gás, 131
    dicas divinas, 131-32
    fechar tampa para, 131-32
    limpar grelha, 132
    temperar carnes para, 132
    temperatura para, 132
Cinarina, vinho *versus*, 28
Claras de ovos, *Ver* Ovo, clara de
Coador chinês (coador cônico), 133
Coberturas e recheios de bolo, 133-35
    aplicando, 134
    bolo em camadas, 43
    elevação para, 133
    ganache, 134-35
    glacê rápido, 189-90
    inscrição, 134
    limpeza, 133
Cobre, *Ver* Utensílios de cobre
Cogumelos, 135-36, 306
    armazenamento, 135
    limpeza, 135
    moer, 135-36

Porcini, 148
shiitake, talos, 136
Comprimento
    conversão de medidas, 137
    equivalentes aproximados, 327
Congelar
    bacon, 62
    banana, 66
    caqui, 112
    chá, 123
    farinha de rosca, 160
    frutas silvestres, 185
    sopas, 294
Contaminação, como evitar, 57, 298
Contrafilé, 80, 114
Conversão de medidas e
    equivalentes, 136-37, 324-29
    equivalentes de medida
        aproximados, 136-37, 325-27
    fórmulas para conversão de
        medidas, 324
    ingredientes comuns, 329
    temperaturas de forno, 328
Cookies, 45, 138-40
    armazenamento, 140
    crocância, 140
    dourar, 139
    esfriar, 139
    massa, 138
        bater manteiga e açúcar, 138
        colher para, 138-39
        preparar a assadeira, 139
        refrigerar, 138
        tapete de silicone, 139
        queimar, evitar, 139
Costela (carne bovina), 114, 118, 304
Coxão duro, 114
Cozidos e ensopados, 40, 113, 114, 119, 136, 141-43, 206, 231, 244, 245, 294, 310
    beurre manié para, 77, 143
    caçarola para, 106
    definição, 141
    dicas divinas, 141-43
    dourar, 141-42

forno *versus* boca do fogão, 142
preparação da carne, 141
reaquecer, 142-43
utensílios, 141
Cozinhar
detalhes, 11-12
fundamentos, 11-12
prática, 11-12
Crème brûlée, derretendo açúcar para, 21, 199
Creme de leite, 26, 72, 124, 134, 149, 150, 168, 221, 237
fresco, 124, 125, 149, 150
tradicional *versus* light, 149
ultrapasteurizado, 149
Creme de marshmallow, glacê de manteiga com, 97, 189
Crème fraîche, 150, 220
Cutelo, 19, 150, 156

D

Decoração, com vinagre balsâmico, 321
Descaroçador, 60, 121
Dicas, 11, 12, 36, 54, 80, 118, 120, 201, 206, 245, 257, 265, 295, *Ver também* Assar, Congelar, Dicas divinas, Fritura por imersão, Limpeza, Substituições, Utensílios
biscoitos, 89
bolo amarelo tradicional, 97
brownies clássicos, 103
caramelos, 26
filés de fraldinha com molho béarnaise, 84
frango desossado assado com ervas, 176
pão integral de nove grãos, 253
ragu de carne à provençal, 148
salmão com crosta de panko e gergelim, 263
torta de maçã, 213
Dicas divinas, 12, 148
para amolecer manteiga, 204
para assar, 52-54
para carnes assadas, 117-18

para churrasco, 131-32
para cozidos e ensopados, 141-43
para fritura por imersão, 177-79
para refogar, 282-83
Dourar, 49, 62, 117, 160, 168, 169, 172, 176, 183, 199, 208, 214, 245, 258, 266, 302
assadeiras e formas antiaderentes, 41
assadeiras e formas de alumínio, 40, 46
assadeiras e formas de vidro, 41, 45
assadeiras e formas escuras/pretas, 41
carne para panela elétrica, 245
demais cookies, 139
demais massa de torta, 209
fundo de panela, 229
para carnes assadas, 117, 118
para cozidos e ensopados, 141-42
refogar e, 282-83

E

Economizar tempo, 11, 12, 30, 128, 135-36, 162, 164, 169, 172, 176
panela de pressão, 244
Engrossar, 230, 275, 283, 301
amido de milho para, 32-33
araruta para, 35
beurre manié para, 77-78, 143
tapioca para, 302-3
Equipamentos de cozinha, *Ver também* Assadeiras, Utensílios
abridor de latas para ostra, 234
almofariz, 31, 183
balança de cozinha, 92-93, 136, 137, 216
barbante culinário, 68
batedeira, 53, 69, 91, 92, 125, 189, 204, 228, 247
batedor de carne, 60, 71, 270, 323
batedor de ovos, 104, 228, 230, 237, 272-73
batedor de ovos chato, 229
boleador, 60

336 ❋ Segredos de cozinha

caçarola, 106, 246, 307
cataplana, 119
cazuela, 119
cesto de bambu, 122
coador chinês, 133
colher de sorvete, 93, 97, 138-39, 233
cutelo, 19, 150, 156
descaroçador, 60, 121
escumadeira, 69, 179, 238
espremedor de batatas, 69, 155
faca, 19, 28, 29, 34, 42, 73, 76, 120, 121, 126, 128, 152, 153, 155, 156-57, 189, 190, 201, 215, 234, 235, 268, 271, 275, 304
faca meia-lua, 152-53, 155
ferramentas para trinchar, 156, 304
grade de resfriamento, 126, 139, 179, 191-92
injetor de marinada, 205
liquidificador, 108-9, 112, 160, 190, 194-95, 228, 275
maçarico culinário, 21, 199, 271
mandolin, 200-1
máquina de pão, 205
mezzaluna, Ver Faca meia-lua
mixer de imersão, 69, 226, 228
moedor de café, 227
panela de arroz, 37
panela de banho-maria, 242-43
panela elétrica, 245-46
peneira, 18, 19, 73, 191, 194, 231, 264, 275
pinça, 67, 115, 132
pincéis e escovas, 26, 122, 132, 214, 227, 259, 271-72, 314
pipeta culinária, 246, 257
processador de alimentos, 18, 21, 32, 73, 85, 112, 125, 128, 160, 183, 184, 189, 194-95, 228, 274
ralador, 30, 56, 180, 188, 204, 278, 279-80
ralador em forma de lima, 279-80
separador de gordura, 229

tábua de corte, 57, 60, 155, 298, 300
tigelas, 17, 18, 19, 21, 27, 29, 30, 32, 34, 53, 72, 78, 85, 91, 98, 110, 124, 129, 133, 135, 150, 152, 162, 183, 188, 194, 200, 203, 204, 216, 226, 228, 230, 235, 236, 237, 238, 243, 247, 248, 254, 257, 260, 271, 285, 292, 294, 295, 299-300, 303, 311, 315
Equivalências, 91, 136-37, 152, 325-27, 329
grandes volumes, 218
pequenos volumes, 217
temperatura de forno, 170, 328
volume e peso de ingredientes comuns, 219-22
Ervas, 74, 133, 152-53, 154, 155, 231, 264, 290, 292, Ver também Ervas frescas, Ervas secas
para frango, 172
processador de alimentos e, 274
talo versus ramo, 153
Ervas frescas, 152-53, 319, Ver também ervas frescas específicas
adição ao cozinhar, 152
ervas secas versus, 152
faca para, 152-53
picar, 152-53
substituição, 152
Ervas secas, 152-53, 154, 176
adição ao cozinhar, 152
armazenamento, 153, 155
ervas frescas versus, 152
recuperando, 152
substituição, 152
Escovinha para legumes, 135, 315
Escumadeira, 69, 179, 238
Especiarias, 31, 74, 136, 153-55, Ver também Ervas, especiarias específicas
armazenamento, 154-55
organização, 153-54
Espinafre, 155
espremedor de batatas para, 155

337

orgânico, 317
pré-cozimento, 155
Espremedor de batatas, 69, 155
Essência de baunilha, *Ver* Baunilha, essência de
Extrato de tomate, 300
para molhos marrons, 148, 300

F

F, *Ver* Fahrenheit
Faca, 19, 28, 29, 34, 42, 73, 76, 120, 121, 126, 128, 152, 153, 155, 156-57, 189, 190, 201, 215, 234, 235, 268, 271, 275, 304, *Ver também* Mandolin
afiar, 156-57
de trinchar, 304
meia-lua, 152-53, 155
para ervas frescas, 152-53
rotular, 157
tipos de, 156
Fahrenheit (F), Celsius *versus*, 137, 170, 328
Farinha, 42, 157-59
adicionando, à massa de bolo, 91-92
armazenamento, 157-58, 159
de amêndoas, 32
de rosca, 160-61, 167, 193
congelar, 160
crocante, panko como, 161
óleo em spray para, 161
para evitar que a massa grude em forma decorativa, 90
preparar, 160
de trigo, 35, 42, 46, 52, 77, 78, 85, 89, 90, 92, 98, 141, 143, 157
para bolo, substituição, 159
medir, 52, 159
peneirar, 158
Favas de baunilha, *Ver* Baunilha, favas de
Feijão seco, 161-62, 208, 278, 310
armazenamento, 161
demolhar, 162

frescor, 161
salgar, 162
Fermento biológico, 163-64, 253
fresco, 163-64
rápido/instantâneo, 163
sal *versus*, para fazer pão, 247
seco, dissolver, 163
substituições, 164
Fermentos químicos, 138, 165-67, 191
bicarbonato de sódio, 78, 107, 138, 158, 165, 166, 185, 204, 222, 224, 233, 259, 311
frescor, 166
fermento em pó, 107-8, 138, 165-67, 185, 204, 222, 232
fazer, 166
frescor, 166-67
Ferro fundido, *Ver* Utensílios de ferro fundido
Filé mignon, 79, 80, 114
Flã, torta *versus*, 47
Fondant, temperatura, 65
Fondue, 167-68
de chocolate, 168
de queijo, 167
sobras de, 167-68
vinho em, 167
Formas, 40-51, 52, 54, 126, 138, 139, 154, 167, 199, 214, 234, 249, 258, 275, 276, *Ver também* Assadeiras
de alumínio, 40, 43, 44, 46, 139
de bolo, 42-44, 92, 137, 191-92
massa em, 11
preparação, 92, 97
volume, 49-50
de bolo bundt, 12, 43, 50, 90
de bolo inglês, 44, 49
de buraco no meio, 43-44, 51
de cobre, 311
de fundo falso, 43, 46, 50, 51, 303
de Kugelhopf, 51
de minimuffin, 45
de muffin, 44-45, 49, 232, 233
de pão de ló, 43-44, 92

338 ❉ **Segredos de cozinha**

de silicone, 40, 42
de suflê, 47-48, 51, 311
de torta, 43, 45-47, 51, 208, 209, 302, 303
   aro para pudim, 47
   caneladas, 46-47
   de alumínio descartável, 46
   de cerâmica, funda, 46
   de metal, 46
   de vidro, 45, 46, 51
   de vidro, funda, 45, 51
   desenformar, 303
   segurar, 303
de vidro, 40-41, 44, 47
materiais, 40-42
para gratinar, 51
pretas/escuras, 41, 46
ramequim, 47, 67, 311
substituições, 48-51
tamanho/formato, 48
volumes, 49-51
Forno, 18, 35, 40, 41, 42, 44, 52, 53, 56, 62, 66, 76, 77, 85, 92, 117, 119, 125, 126, 129, 132, 137, 138, 139, 140, 141, 142, 161, 165, 166, 168-70, 171, 172, 176, 179, 191, 192, 199, 204, 205, 209, 213, 233, 234, 246, 249, 255, 258, 259, 266, 267, 272, 274, 275, 283, 302, 304, 307, 312, 313
   a gás, equivalentes de temperatura, 170, 328
   boca do fogão *versus*, para cozidos e ensopados, 142
   de convecção, 169
   de micro-ondas, 72, 108, 125, 188, 256
      chocolate e, 129-30
      para calda, 64
      para mel, 223
      para tostar frutas oleaginosas, 183
   elétrico, 183
   limpeza do, 259
   termômetro de, posicionamento, 168

Fraldinha, 79, 84
Framboesa, 185, 220, 264
Frango, 11, 12, 57, 71, 117, 132, 136, 141, 171-72, 176, 206, 207, 229, 230, 255, 257, 265, 278, 283, 291, 293, 294, 298
   assar rápido, 172
   caipira, 171
   caldo de, 109, 172
   desossar, 172
   ervas para, 172
   formas para assar, 172
   galeto, 171
   hambúrguer de, 193
   orgânico, 171
   para assar, 171
   para cozinhar ou fritar, 171
   trinchar, 304
   utensílios, 172
Fritura por imersão, 177-79
   aquecer, 179
   dicas divinas, 177-79
   escorrer, 179
   escumadeira para, 179
   odores, 178
   óleo de amendoim para, 177
   óleo para, 177, 178
   panela para, 177
   sal e, 179
   termômetro, 132
Frutas, *Ver* Frutas cítricas, Frutas frescas, Frutas secas, Frutas silvestres
Frutas cítricas, 180, 290
   ralar, 180, 279, 280
   raspas, 180, 190, 280
   segurança, 180
Frutas cristalizadas, temperatura, 65
Frutas frescas, 27, 74, 181, 233, 302, 315, 316, 318, *Ver também* Frutas cítricas, Frutas secas, Frutas silvestres
   abacate, 16-17, 181, 317
   abacaxi, 199, 317

amadurecimento, 16, 66, 111, 112, 181, 201, 225
banana, 66, 181, 317
caqui, 111-12
cereja, 60, 121, 185, 285, 317
época, 181
kiwi, 317
lavar, 181
maçã, 11, 27, 66, 112, 140, 181, 198-99, 213, 265, 268, 317, 318
manga, 201, 317
melancia, 225
melão, 181, 225
orgânicas e convencionais, 317
pera, 264-65, 317
pêssego, 98, 268, 317
romã, 285
uva, 184, 317, 318, 320
Frutas oleaginosas, 183, 190-91, *Ver também frutas oleaginosas específicas*
amêndoa, 31-32, 74, 190
armazenamento, 183
avelã, 56, 190
equivalência de volume/peso, 221-22
pasta de amendoim, 12, 190, 256
picar, 183
tostar, 183
Frutas secas, 184
equivalência de volume/peso, 221
groselha, 184, 221, 314
hidratar, 184
picar, 184
uva, 150, 314
Frutas silvestres, 185, 233, 302
congelar, 185
cozinhar, 185
descoloração, 185
fatiar, 185
framboesa, 185, 220, 264
groselha, 184
mirtilo, 11, 185, 233
morango, 185, 317, 320
Frutos do mar, 111, 260
camarão, 110-11

mexilhão, 226
ostra, 234-35
Fudge, temperatura, 65

G

Ganache, *Ver* Chocolate, ganache de
Ganso, 257
Gelatina em pó sem sabor, 188
Gengibre, 188-89
cristalizado, picar, 189
descascar, 189
ralar, 188, 280
Ghee, *Ver* Manteiga clarificada
Glacê de manteiga, 134, 189-90
com creme de marshmallow, 189
rápido, 189-90
cítrico, 190
de chocolate, 190
Glutamato monossódico (MSG), 306
Gordura, 62, 78, 79, 84, 85, 98, 112, 114, 115, 131, 142, 149, 172, 179, 190-91, 192, 193, 194, 202, 228-29, 244, 246, 256, 257, 291, *Ver também* Manteiga
caldo sem, 110
clara de ovo *versus*, 237
de porco, 273
descartar, 143, 191, 283
equivalência de volume/peso, 221
medir, 190
recolher, de pato/ganso, 257
remover, de carneiro, 116
vegetal, 127
Grade de resfriamento, 54, 126, 139, 179, 191-92
Grade do forno, posição da, 249, 258
Grãos
arroz, 36-38, 284, 291, 294, 319, 329
aveia, 55, 219
em sopas, 294
Grelhar
AHs e, 207
dividir carneiro para, 116
para remover a pele de tomates, 301

Groselha, 184, 221, 314

H

Hambúrguer, 192-94
de acém moído, 193
de coxão mole moído, 193
de patinho moído, 192
de peru/frango, 193
encolhimento, 193
pressionar, 194

I

Ingredientes, *Ver também
ingredientes específicos*
comuns, conversão e equivalência
de medidas, 329
líquidos, conversão de medidas,
137
líquidos, equivalência de volume/
peso, 220-21
secos, equivalência de volume/
peso, 219-20
secos, medir, 214-15, 216
separar/medir, 52
temperatura, para muffins, 232
Iogurto, 104, 165, 185, 194, 220, 269
do tipo grego, 194

K

Kiwi, convencional, 317

L

Lagarto (carne bovina), 114
Laticínios, 220, *Ver também*
Manteiga
buttermilk, 104, 150, 165, 185,
219, 221, 233
chantili, 12, 92, 124-25, 149
cheesecake, 43, 67, 125-26, 199
creme de leite, 26, 72, 124, 125,
134, 149, 150, 168, 221, 237
crème fraîche, 150, 220
iogurte, 104, 165, 185, 194, 220,
269
manteiga clarificada (ghee), 203,
282

para pimenta picante, 268-69
queijo, 167, 199, 207, 231, 272,
278-79, 280, 306
sorvete, 23, 93, 97, 138, 168, 223,
233, 269, 295
Legumes, 27, 40, 58, 117, 119, 133,
150, 156, 157, 181, 189, 200, 245,
264, 268, 278, 280, 281, 289, 294,
315, 316
abóbora, 18-19
abóbora seca, 18
abobrinha, 20, 315
alcachofra, 27-28
alho, 29-30, 274, 280, 299, 319
alho-poró, 30
aspargo, 39, 98, 317
batata, 40, 68-69, 70, 179, 243,
257, 279, 294, 309, 315, 317
batata-doce, 70-71
berinjela, 75-76, 317
beterraba, 21, 76-77
branquear, 98-99
brócolis, 317
cebola, 68, 111, 120, 245, 281, 317
cebolinha, 121, 153
cozidos, para pizza, 272
escovinha para, 135, 315
espinafre, 155, 317
lavar, 315
pimenta, 154, 268-69
pimentão, 199, 270-71, 317
repolho, 122, 279, 317
salsão, 281, 317
tomate, 98, 156, 181, 242, 300,
301, 312
Limpeza, 12, 133, 139, 142, 157,
190, 237, 259, 271, 274, 300
alho-poró, 30
cesto de bambu, 122
cogumelo, 135
forno, 259
grelha, 132
manchas de beterraba, 77
moedor de café, 227
molhos para salada e, 230

341

panelas com açúcar caramelizado, 23

raspador de bancada, 280

tigelas de madeira, 299-300

utensílios de aço-carbono e aço azul, 309

utensílios de cobre, 312

utensílios de ferro fundido, 313

Liquidificador, 108-9, 112, 160, 190, 194-95, 228, 275

processador de alimentos *versus*, 194-95

Líquidos/laticínios, *Ver também líquidos e laticínios específicos*

equivalência de volume/peso, 220-21

Livros de receitas, medidas e, 52, 215, 216

M

Maçã, 11, 27, 66, 112, 140, 181, 198-99, 213, 265, 268, 318

cortland, 199

disponibilidade, 198

época, 198

golden delicious, 198, 199

granny smith, 198

orgânica, 317

sem descoloração, 198-99

tipos de, para tortas, 198

Maçarico culinário, 21, 199, 271

Macarrão, *Ver* Massa

Maionese, 192, 228

Maminha, 79, 114

Mandolin, 200-1

Manga, 201

amadurecer, 201

convencional, 317

descascar, 201

Manteiga, 26, 42, 44, 85, 89, 90, 91, 97, 99, 103, 134, 138, 141-42, 172, 189, 191, 202-3, 221, 228, 229, 249, 271, 281, 282, 283, 284, 303, 329

amolecer, 204

aplicação em massa filo, 214

armazenamento, 202

bater com açúcar, 97, 100, 138, 165, 204

beurre manié, 77-78

clarificada, 203

derretida, 203, 232

escura, 203

fermentada, 202

salgada *versus* sem sal, 202

Marinada, 79, 114, 148, 205-7

AHs e, 207

injetor de, 205

óleo em, 206

recipientes, 207

tempo da, 205-6

vinho em, 206

Marshmallow, temperatura, 63, 65

Martíni, azeitonas para, 60

Mascarpone, 255

para chantili, 124

Massa, 119, 200, 279, 289

à putanesca, 33

cozinhar, 200

em sopas, 294

servir, 200

Massa filo, 214

assar, 214

passar manteiga em, 214

rotação, 214

Medalhões (filé), 79

Medidas, *Ver também* Conversão de medidas e equivalentes

balança de cozinha, 216

farinha, 215-16

ingredientes líquidos, 214-15, 216

ingredientes secos, 214-16

livros de receitas e, 52, 215, 216

para assar, 52

secos *versus* líquidos, 214-15

Mel, 220, 223-24, 253

cor *versus* sabor, 223

cristalização, 223, 224

intensidade, 223

micro-ondas para, 223

Melado, 22, 165, 220, 224

Melancia, 225

Melão, 181, 225
Merengue, 169, 189, 199
  soltando caldo, 303
Método de encher às colheradas e
  nivelar, para medir farinha de
  trigo, 52, 215-16, 219, 220
Método de mergulhar e nivelar,
  para medir farinha de trigo, 52,
  215, 219, 220
Mexilhão, 226
Mezzaluna, *Ver* Faca meia-lua
Mirtilo, 185
  época, 185
  massa com manchas verdes, 11
  muffins de, 11, 233
Mixer de imersão, 69, 226, 228
Moedor de café, 227
  limpeza, 227
  utilização, 227
Molho, 35, 67, 133, 154, 180, 200,
  207, 226, 227-28, 242, 264, 271
  béarnaise, 84, 227, 228
    aquecer, 84
    dica para, 84
    panela não reativa para, 84
  holandês, aquecer, 227, 228
  inglês, 33
  maionese, 228
  marrom, 300, *Ver também* Dourar
    extrato de tomate para, 148,
    300
  talhado, 228
Molhos para carne, 79, 143, 172,
  228-30, 257, 282, 283
  batedor de ovos chato para, 229
  fórmula para, 229
  na sopa de frango ou peru, 230
  resíduos dourados da assadeira
    para, 172, 229
  separador de gordura para, 229
Molhos para salada, 30, 230, 300,
  320
  copo infantil para, 230
  limpeza e, 230
  mostarda em, 230

Morango, 185
  fatiar, 185
  orgânico, 317
  vinagre balsâmico em, 320
Morim, 19, 231
  comprar, 231
  preparação, 231
  substituição, 231
  utilização, 231
Mostarda, 192, 228
  em molhos para salada, 230
MSG, *Ver* Glutamato monossódico
Muffins, 203, 232-33
  colher de sorvete para, 233
  descoloração em, 11, 233
  fermento em pó *versus*
    bicarbonato de sódio, 232-33
  forma de, 44-45, 49, 232
  refrigerar, 232-33
  temperatura dos ingredientes
    para, 232

N

Nectarina, orgânica, 317

O

Observação
  para detalhes, 11
  para o ponto, 26
Óleo, 18, 29, 33, 42, 58, 75, 98, 106,
  119, 127, 167, 177-79, 184, 189,
  190-91, 221, 228, 254, 278, 281,
  282, 308, 313
  carne sem, 115
  de amendoim, 309
    em pasta de amendoim
      natural, 256
    para fritura por imersão, 177
  de canola, 177, 190, 221, 234, 263,
    309
  de castanhas, preparar, 190-91
  de cozinha em spray, 234
    sobre farinha de rosca, 161
  de oliva, *Ver* Azeite de oliva
  em marinadas, 206

343

manteiga *versus*
    para assar, 191
    para cozidos e ensopados, 141-42
    para refogar, 282
  para fritura por imersão, 177
  recipientes, 190
  reutilizar, 178
Orgânico ou convencional, comprar, 316-17
Ossos, 79, 80, 98, 109, 114, 118, 150, 266, 283
Ostra, 234-35
Ovo, 47, 91, 100, 125, 167, 169, 185, 226, 228, 235-39, 242, 249, 279, 303
  armazenamento, 235, 238
  clara de, 53, 165, 192, 228, 229, 236-38, 264, 272, 311
    em temperatura ambiente, 236-37
    gordura e, 237
  cozido, 238
  em recheio cremoso de torta, 301-2
  em temperatura ambiente, 236
  merengue soltando caldo, 303
  mexido, 237
  para massa de bolo, 91, 97
  poché, 237-38
  quebrar, 235-36
  sal em, 237
  separar, 236
  sinérese em, 275
  vermelho *versus* branco, 235, 239
  volume ao bater, 92
Oxidação, 17, 27, 98, 198-99, 265, 308

P

Panela(s), 12, 26, 28, 33, 36, 63, 69, 74, 75, 78, 93, 98, 106, 108, 110, 113, 115, 119, 129, 141-43, 162, 167, 172, 179, 200, 203, 223, 226, 234, 238, 246, 249, 275, 282, 283, 284, 292, 298, 299, 300, 307, 308,

309, 311, 312, 313, 321, *Ver também* Utensílios
de alumínio, 242
de arroz, 37
de banho-maria, 242-43
de barro, 243-44
de pressão, 244
elétrica, 245-46
  dourando carne para, 245
  sabor, 245-46
limpar açúcar caramelizado de, 23
não reativa, para molho béarnaise, 84
para fritura por imersão, 177
Panko, 161, 263
Panqueca, 203, 246-47, 323
  aquecimento, 246
  transferência de massa, 246-47
Pão, 41, 42, 44, 52, 53, 58, 108, 136, 140, 154, 156, 159, 160-61, 163, 168, 193, 202, 204, 220, 247-49, 253, 274, 299, 314
  batedeira semiprofissional para, 247
  caseiro, temperatura e, 168-69
  máquina de, 205
  massa de,
    crescimento, recipiente para, 248, 253
    descansar, 247
    sovar, 248
    textura da, 247-48, 253
    utensílios para, 248
  pedra para assar para, 258-59
  ponto do, 249, 253
  sal *versus* fermento biológico no, 247
  vapor para, 248-49
Pão-duro, 254
Papel-alumínio, 18, 62, 76, 77, 99, 103, 118, 132, 140, 202, 208, 209, 254-55, 260, 266, 278, 281, 283
lado certo, 254
Papel-manteiga, 42, 47, 92, 97, 99, 103, 122, 139, 208, 216, 255-56,

258, 259, 263, 269, 278, 284, 302, 303, 323
armazenamento, 255
moldes, 255-56
tapete de silicone *versus*, 139, 314
Pasta de amendoim, 195, 256
medir, 12,190
natural, óleo em, 256
para cozinhar, 256
Pâte sucrée (massa doce de torta), 303
Pato, 23, 257
Pedra para assar, 258-59
cuidados, 258
limpeza, 259
para assar pão, 258-59
posicionamento, 258
temperatura e, 168-69
Peixe, 40, 122, 136, 178, 206, 231, 260-61, *Ver também* Frutos do mar
anchovas, 33-34, 306
armazenamento, 260
filé de, 260-61
remoção de espinhas, 260-61
Peneira, 18, 19, 73, 191, 194, 231, 264, 275
tamanho e utilizações, 264
Pera, 264-65
amadurecimento, 264
cortar, 264
orgânica, 317
Peru, 265-67, 281, *Ver também* Molhos para carne
banhar, 266
caipira, 265
descansar, 118, 267
hambúrguer de, 193
natural, 265
orgânico, 265
recheado *versus* sem recheio, 267
salmoura, 266, 291-92, 293
sopa de, 230
tempo estimado para assar, 267
termômetro para, 266, 267

tradicional, 265
trinchar, 304
umidade do peito, 265-66
Peso
conversão de medidas, 136-37, 324
equivalentes aproximados, 219-22, 326
Pêssego, 268
caroço aderente *versus* solto, 268
descascar, 98, 268
orgânico, 317
Pimenta, 154, 268-69
armazenamento, 269
reduzir a picância de, 268-69
Pimenta-do-reino, 141, 154, 270
distribuição, 270
encher o moedor de, 270
triturar, 270
Pimentão, 199, 270-71
orgânico, 317
remover a pele de, 270-71
Pinça, mais firmeza para, 67
Pincel, 214, 227, 271-72
de cerdas naturais, 26, 271
de náilon, 271
de silicone, 272, 314
Pinot Grigio, 322
Pipeta culinária, 246, 257
Pirulito, temperatura, 63, 65
Pizza, 258, 272, 299
legumes cozidos para, 272
queijo parmesão para, 272
Polenta, 272-73
banho-maria para, 243
empelotada, 272-73
Ponta de agulha, 79
Ponto
de bifes, 80
de brownies, 99, 103
de carnes, 115
de carnes assadas, 118
de pães, 249, 253
de pudins, 275
em forma de bolo bundt, 90
observação do, 26

345

Porcelana, *Ver* Utensílios de
cerâmica, porcelana
Porco, 68, 118, 136, 141, 205, 207,
273, 283
bacon, 62, 281
gordura, 273
salmoura para, 273, 291, 293
Pralinê, temperatura, 65
Preaquecimento, 53, 117, 168-69,
258, 307
Processador de alimentos, 18, 21,
32, 73, 85, 112, 125, 160, 189,
228, 274
alho e, 274
chocolate e, 128
ervas e, 274
esvaziar, 274
frutas oleaginosas e, 183
frutas secas e, 184
liquidificador *versus*, 194-95
Pudim, 21, 43, 47, 48, 51, 199, 226,
274-76
assado, 274
banho-maria e, 67, 275
cremoso, 274
ponto, 275
sem película, 276
talhar, 275
tipos de, 274
Purê, 18-19
de alho, 30
de batata, 68
mais macio, 69
utensílios para, 69

Q

Queijo, 199, 231, 278-79
armazenamento, 278
bolor, 278-79
cream cheese, 125, 207, 213, 220
estragado, 279
fondue, 167-68
mascarpone, 124, 221
parmesão, 279, 306
casca, 278
para pizza, 272
ralar, 278, 279, 280

R

Ralador, 30, 56, 204, 278, 279-80
em forma de lima, 279, 280
giratório, 279
para frutas cítricas, 180
peso do ingrediente e, 279
tradicional, 188, 279
Ramequim, 47, 311
banho-maria e, 67
Raspador de frutas cítricas, 180
Raspador de massa, 280
Receitas
biscoitos de buttermilk, 87-89
bolo amarelo tradicional com
glacê de chocolate, 94-97
brownies clássicos, 101-3
caramelos com flor de sal, 24-26
filés de fraldinha com molho
béarnaise à base de vinho
tinto, 82-84
frango desossado assado com
ervas, 173-76
pão integral de nove grãos, 250-53
ragu de carne à provençal, 144-48
salmão com crosta de panko e
gergelim, 262-63
torta de maçã altíssima, 210-13
Recheios salgados, 281
fechar a cavidade do peru, 281
peru e, 267, 281
preparação, 281
segurança da carne de aves e, 281
Refogar, 11, 20, 58, 75, 80, 81, 99,
119, 136, 188, 213, 234, 244, 245,
257, 272, 282-83
carnes, 282, 283
dicas divinas, 282-83
dourar e, 282
molho da panela, 283
óleo *versus* manteiga, 282
segredo do sucesso, 282
temperatura para, 282
Repolho, 122, 279
convencional, 317
Resfriamento
assados, 54

bolos, 191-92
cheesecakes, 126
cookies, 139
tempo, 54
Risoto, 284
cozinhar, 284
tipos de arroz para, 38, 284
Romã, 285
remover sementes de, 285
suco de, 285

S

Sabor, 16, 22, 23, 31, 34, 55, 56, 58, 60, 66, 69, 70, 73, 77, 79, 85, 103, 108, 109, 111, 112, 114, 116, 117, 124, 127, 131, 134, 140, 141, 142, 148, 149, 150, 152, 153, 154, 160, 163, 164, 166, 171, 172, 176, 178, 180, 181, 184, 202, 203, 205, 206, 223, 224, 227, 229, 231, 234, 235, 236, 242, 244, 253, 265, 266, 268, 271, 274, 278, 282, 284, 285, 288, 291-93, 299, 300, 301, 309, 310, 315, 318, 319, 320, 321, 322, 323
bebida alcoólica para, 73-74
do sal, 289, 290
panela elétrica *versus*, 245-46
para glacê rápido, 190
umami ("quinto sabor"), 33, 306
Saco de confeitar e bicos, 288
armazenamento, 288
comprar, 288
substituições, 288
Sal, 29, 33, 34, 69, 77, 103, 109, 141, 176, 200, 222, 237-38, 242, 243, 270, 288-91, 292, 299-300, 309, 312, 313, 319
abobrinha e, 20
berinjela e, 75-76
de cozinha, 289
de mesa, 289-90, 291
em sobremesas, 23
feijão e, 162
fermento biológico *versus*, ao fazer pão, 247
flor de sal, 289

fritura por imersão e, 179
iodo em, 289
kosher, 290, 291
marinho, 289
tipos de, 289
moer, 290
na manteiga, 202
origem, 288-89
ovo e, 237
para finalizar, 289, 290
que não empelota, 291
saborizado, 290
Salmoura, 266, 289, 291-93
objetivo, 291
para carne de porco, 273
resfriar para, 292-93
tempo, 293
Salsão, 281
orgânico, 317
Sauvignon Blanc, 28
Separador de gordura, 229
Shiraz, 322
Silicone, *Ver* Utensílios de silicone
Sobras, 37, 123, 171, 230, 294
favas de baunilha, 73
fondue, 167-68
óleos, 178
Sobremesa, 18, 40, 199, 223, 295, *Ver também sobremesas específicas*
sal em, 23
vinho em, 322
Sopa, 37, 109, 113, 119, 131, 133, 136, 194, 226, 231, 244, 245, 278, 294-95, *Ver também* Caldo
congelar, 294
de peru, molho em, 230
ensopado como, 294
grãos/macarrão em, 294
resfriar, 294-95
Sorvete, 23, 168, 223, 269, 295
Sovar, 205, 247-48
Substituições, 16, 33, 71, 99, 128, 149, 155, 164, 190, 291, 314, 323
abóbora, 18, 19
assadeiras e formas, 49, 52
barbante culinário, 68

bebidas alcoólicas, 74
buttermilk, 104
ervas frescas, 152
ervas secas, 152
farinha para bolo, 159
grade de resfriamento, 192
morim, 231
saco de confeitar, 288
Suribachi, 31

T

Tábua de corte, 57, 60, 155, 298, 300
Tapete de silicone, 47, 139
  banho-maria e, 67
  papel-manteiga *versus*, 139, 314
Tapioca, no recheio de tortas, 35,
  302, *Ver também* Araruta
T-bone, 80, 283
Temperatura do forno
  conversão, 137
  equivalentes, 170
  pão caseiro e, 168-69
  para assar carnes, 117
  para assar pães e tortas, 52, 53
  para calda, 65
  para carne vermelha, 115
  para forno de convecção, 169
  para utensílios antiaderentes, 307
  pedra para assar e, 168-69
  tamanho da forma de bolo inglês
    e, 44
Tempo, dicas visuais, 54
Termômetro, 168, 169, 281, 298
  para açúcar caramelizado, 22-23
  para bifes, 80
  para calda, 26, 63, 64
  para carnes assadas, 118
  para churrasco, 132
  para fritura por imersão, 178
  para pão, 249, 253
  para peru, 266, 267
  para pudim, 275
  posicionamento do, em fornos, 53
  testar, 298
Tigelas, 299-300
  de aço inoxidável, 299

de cerâmica, 299
de madeira, 299-300
mínimo de, 299
Tomate, 156, 181, 242, 278, 301, 312
  em lata, 300
  extrato de, 148, 300
  remover a pele, 98, 301
  sem refrigeração, 301
Torrone, temperatura, 65
Torta *versus* flã, 47
Tortas, 18, 35, 40, 43, 52, 121, 185,
  199, 204, 268, 301-3, *Ver também*
  Formas de torta
  assar, 302
  cheesecake, 43, 67, 125-26, 199
  de maçã, 11
    sem encolhimento, 199
    tipos de maçã para, 198
  massa de, 108, 207-9, 258
    abrir, guia para, 208
    água na, 207
    assar parcialmente, 208
    com cream cheese, 207, 213
    dourada demais, 209
    refrigerar, 208, 213
    sem abrir, 303
  merengue soltando caldo, 303
  recheio cremoso de, 301-2
  refrigerar, 302
  tapioca no recheio de, 302-3
Trinchar, 156, 304

U

UHT, *Ver* Ultrapasteurização
Ultrapasteurização, 149
Umami ("quinto sabor"), 33, 306
  exemplos de, 306
Utensílios, 11, 12, 29, 31, 40, 57, 69,
  129, 152, 156, 157, 179, 180, 215,
  216, 247, 255, 275, 280, 304
  antiaderentes, 41-42, 43, 44, 47,
    90, 230, 245, 306-7, 314
  caçarola, 106, 246, 307
  cataplana, 119
  cazuela, 119

348 ❉ Segredos de cozinha

de aço inoxidável, 28, 133, 299,
307-8
de aço-carbono e aço azul, 308-9
aço-carbono *versus* aço azul,
308
cura, 308
limpeza, 309
remover o verniz de, 308
de cerâmica, 31, 40, 41, 45, 46,
47, 51, 156, 157, 208, 245, 258,
299, 309-11
barro, 119, 243-44, 310
cerâmica vitrificada, 40, 310
porcelana, 47, 67, 310-11
de cobre, 119, 306, 307, 311-12
limpeza, 312
manchas verdes em, 312
preparação, 311
utilização, 311
de ferro fundido, 28, 40, 75, 141,
172, 177, 245, 312-13
caçarola, 106
cura, 312-13
frigideira, 84
limpeza, 313
revestimento de, 312
de silicone, 40, 42, 47, 67, 139,
230, 272, 275, 313-14
panela de banho-maria, 242-43
panela de barro, 243-44
panela de pressão, 244
vitrificados, 40, 119, 243, 310
Uva, 184, 318, 320
orgânica, 317
Uva-passa, 150, 314

V

Vegetais, *Ver* Frutas frescas,
Legumes
orgânicos ou convencionais, 316,
317
Verduras
alface, 122, 279
orgânica, 317
armazenamento, 318

Vinagre, 27, 104, 166, 167, 230,
237-38, 312, 318-19
balsâmico, 27, 306, 320-21
aceto balsamico tradizionale,
320
comercial, 320, 321
condimento, 320, 321
decoração de, 321
e Itália, 320
sobre morangos, 320
camada no fundo de, 319
de arroz, 318-19
de ervas, como fazer, 319
Vinho, 27, 111, 199, 242, 265, 283,
292, 312, 318, 322
alcachofras e, 28
branco, cinarina e, 28
em fondue, 167
em marinadas, 206
em salgados, 322
em sobremesas, 322
envelhecido *versus* não
envelhecido, 322
Marsala, 322
doce *versus* seco, 322
para cozinhar, 148, 322
Vitela, 109, 136, 322, 323
bater, 71, 323
para bolo de carne, 323
Volume
ao bater ovos, 92
de formas, 49-51
equivalentes aproximados, 217,
218, 325

X

Xarope de bordo, 220, 323
Xarope de milho, 20-21, 64, 220

Z

Zabaione, 322
Zinfandel, 322

Sobre os autores

A Sur La Table é uma reconhecida autoridade no que diz respeito a qualquer coisa relacionada à culinária, atraindo iniciantes e iniciados com sua incrível seleção de equipamentos, utensílios de cozinha, livros de receitas e cursos de culinária criados para facilitar a vida de cozinheiros profissionais e amadores. A sede da Sur La Table fica em Seattle, nos Estados Unidos.

Rick Rodgers é autor de mais de trinta livros de culinária. Ele costuma trabalhar nos bastidores com outros chefs, ajudando-os a escrever seus livros de receitas. Requisitado professor de culinária, foi eleito um dos destaques na área pela revista *Bon Appétit*, sendo convidado frequentemente para participar de programas de TV e rádio. Ele mora próximo a Nova York.

Impressão e Acabamento